L'ÉTIQUETTE

— EN AFFAIRES —

D0878862

Catalogage avant publication de la Bibliothèque nationale du Canada

Salvas, Ginette

    L'étiquette en affaires: l'art de gérer ses affaires avec classe

    (Affaires)

    ISBN 2-7640-0698-5

    1. Savoir-vivre – Affaires. 2. Savoir-vivre. 3. Savoir-vivre – Table. I. Titre.

II. Collection: Collection Affaires (Éditions Quebecor).

HF5389.S24 2003   395.5'2   C2003-941272-5

LES ÉDITIONS QUEBECOR
7, chemin Bates
Outremont (Québec)
H2V 4V7
Tél.: (514) 270-1746

©2003, Les Éditions Quebecor
Bibliothèque nationale du Québec
Bibliothèque nationale du Canada

Éditeur: Jacques Simard
Coordonnatrice de la production: Dianne Rioux
Conception de la couverture: Bernard Langlois
Illustration de la couverture: PhotoDisc
Illustrations intérieures: Michel Poirier
Révision linguistique: Sylvie Massariol
Correction d'épreuves: Francine St-Jean
Maquette intérieure et infographie: Claude Bergeron

Nous reconnaissons l'aide financière du gouvernement du Canada par l'entremise du Programme d'Aide au Développement de l'Industrie de l'Édition pour nos activités d'édition.

Gouvernement du Québec — Programme de crédit d'impôt pour l'édition de livres — Gestion SODEC.

GINETTE SALVAS

L'ÉTIQUETTE

EN AFFAIRES

LES ÉDITIONS
Quebecor
® QUEBECOR MEDIA

Un mot de l'auteure

Bien que les bonnes manières en affaires ne fassent pas partie de votre définition de tâches au travail et qu'on ne vous les ait pas enseignées à l'université, elles jouent un rôle crucial dans le développement de votre carrière.

Qu'il s'agisse d'un dîner d'affaires ou d'un cocktail décontracté en fin de journée, le simple fait de connaître le comportement approprié a rarement été aussi important que maintenant. Plusieurs chefs d'entreprises ayant accédé à de hautes fonctions réalisent que l'attitude et le comportement influencent la bonne marche de leur carrière ainsi que la santé financière de leur société.

Mais, dans le monde des affaires, les bonnes manières vont bien au-delà de l'usage du couvert, de la serviette de table ou du téléphone cellulaire. Les professionnels qui évitent l'arrogance, qui maîtrisent bien leur ego, qui offrent une image élégante et qui savent se présenter, établissent autour d'eux un sentiment de confiance.

La première impression a donc une importance capitale. Nous n'insisterons jamais assez sur ce point: votre image, c'est l'image de votre entreprise; l'image d'un employé, c'est également l'image de l'entreprise. C'est par elle que passe en premier le niveau de professionnalisme de celle-ci. Si vos employés et vous savez de quelle façon et à quel moment agir, vous avez un avantage marqué sur vos concurrents.

En fait, tous les experts s'accordent pour dire que les bonnes manières sont le prélude aux bonnes affaires. Pourquoi la connaissance des règles de l'étiquette est-elle si importante? Parce que tout est question d'impression; d'ailleurs, les études indiquent que toute communication relève à 90 % du domaine visuel. Alors posez-vous ces questions: «Est-ce que je représente bien mon entreprise? Est-ce que nos employés représentent bien l'image que nous désirons projeter?»

Si les gens vous perçoivent comme une personne posée, professionnelle, au fait des usages, ils voudront faire affaire avec vous; autrement, les contrats et les promotions seront accordés à la concurrence.

Certes, un grand malaise persiste en ce qui concerne les règles de l'étiquette, du protocole et de l'éthique, car peu de gens savent vraiment comment se comporter lorsque vient le temps de recevoir leurs collègues, leurs clients ou même leurs amis au restaurant. Or, toute personne d'affaires avertie doit se sentir aussi à l'aise autour d'une table que devant ses dossiers, son ordinateur ou à la salle de réunion.

Les bonnes manières ou l'étiquette, c'est tout simplement savoir vivre sans offenser les autres. Cela ne signifie pas d'adopter un comportement guindé et un air hautain, car cette attitude même constitue une entorse à l'étiquette. Il s'agit plutôt d'éviter de froisser les gens et de leur témoigner une considération et une courtoisie qui les disposeront favorablement envers vous et votre entreprise.

Avant de commencer la lecture de ce livre, je vous suggère d'évaluer vos connaissances en matière d'étiquette des affaires en répondant aux questions énumérées à l'exercice suivant. Surpasser vos concurrents avec classe, c'est ce que je vous souhaite!

Évaluez vos connaissances en matière d'étiquette des affaires ✔

1. Vous êtes en présence d'un collègue et un directeur se joint à vous. Vous devez les présenter. Qui nommerez-vous en premier lieu?
   a) Le directeur.
   b) Votre collègue.

2. Un visiteur entre dans une pièce.
   a) Vous vous levez et restez debout tant que le visiteur n'est pas assis.
   b) Seuls les hommes doivent se lever.
   c) Vous restez assis.

3. Vous devez toujours vous lever lorsqu'un dirigeant d'entreprise entre dans une pièce. Vrai ou faux?

4. Aider les gens à enlever ou à mettre leur manteau incombe aux hommes seulement. Vrai ou faux?

5. Vous êtes en avant dans un ascenseur bondé. Que faites-vous lorsqu'il s'arrête à un étage qui n'est pas le vôtre?
   a) Vous restez où vous êtes et ne bougez pas.
   b) Vous vous déplacez vers l'arrière.
   c) Vous sortez, laissez sortir la foule et reprenez votre place.

6. Lorsque vous assistez à un dîner d'affaires, vous devez en profiter pour essayer des mets exotiques. Vrai ou faux?

7. Vous invitez un client à dîner et vous voulez éviter le «débat de l'addition». Que devez-vous faire?
   a) Informer à l'avance le maître d'hôtel de vous remettre l'addition.

    b) Attendre que l'addition arrive et vous en saisir immédiatement.

    c) Informer le client avant le repas qu'il est votre invité.

8. Vous êtes l'hôte d'une réception au restaurant. Vos invités viennent tout juste de commander l'apéritif en attendant que la table soit prête. Que faites-vous lorsqu'on vous annonce que la table est mise?

    a) Vous dites à vos invités d'apporter leur verre à la table.

    b) Vous les invitez à laisser leur verre au bar.

    c) Vous demandez au serveur d'apporter les verres à la table.

9. Lorsque vous invitez quelqu'un au restaurant, vous devez toujours réserver les places à l'avance en donnant votre nom et le nom de votre entreprise. Vrai ou faux?

10. Lorsque vous rencontrez une nouvelle personne, vous répétez son nom au cours de la conversation afin de vous permettre de vous en rappeler plus facilement. Vrai ou faux?

11. Lorsque les gens que vous avez invités à dîner ne commandent pas d'apéritifs, il est de mise:

    a) D'insister pour qu'ils en commandent un.

    b) De vous en priver vous aussi.

    c) De vous limiter à un verre.

12. Vous êtes invité au restaurant. Lorsque vous choisissez au menu, vous devez:

    a) Choisir ce que vous désirez le plus.

    b) Choisir ce qu'il y a de moins cher au menu.

    c) Choisir en fonction des recommandations de l'hôte.

13. Si vous êtes l'hôte, vous devez être le premier à prendre le pain et le beurre. Vrai ou faux?

14. En conversant avec des gens que vous connaissez peu, il est toujours de mise de :
    a) Démontrer un intérêt en posant des questions.
    b) Parler de vous.
    c) Ne parler que d'affaires.

15. Lorsque vous devez vous lever de table pour un court moment, vous déposez votre serviette :
    a) Sur votre chaise.
    b) Sur la table, bien pliée.
    c) À côté de votre assiette.

Les réponses

1. a) 2. a) 3. Faux 4. Faux 5. c) 6. Faux 7. a) 8. c)
9. Vrai 10. Vrai 11. b) 12. c) 13. Faux 14. a) 15. a)

Chapitre 1

L'étiquette des affaires

« Traitez chacun avec autant de courtoisie,
de respect et d'intérêt que si c'était
un invité de marque. »
Donald Tubesing

Surpassez vos concurrents avec classe!

Quelle différence y a-t-il entre protocole et étiquette? Voyons les significations que revêt chaque terme.

L'étiquette

Le terme «étiquette» provient du vieux français estiquer, qui signifiait attacher un écriteau décrivant les règlements à l'intérieur des cours, des châteaux et des palais. Déjà au Moyen Âge, on parlait de courtoisie, de civilité, de politesse et de décence. Le mot «courtoisie» servait à définir la conduite adoptée dans les cours des grands seigneurs, puis le mot «civilité» est devenu le symbole des règles de bonnes manières admises en société.

L'Italien Tommassino di Circlaria a été l'un des premiers écrivains à traiter de civilité. Ses recommandations visaient les interdits suivants: vendre la mèche, trahir les secrets, se vanter, transmettre des signaux pour tromper les gens et se précipiter en avant des autres dans une foule. En plus de démontrer une mauvaise éducation, ces façons de faire étaient considérées comme des péchés!

Vers 1290, un moine milanais, Bonvicino da Riva, faisait paraître un ouvrage de référence intitulé *Cinquante courtoisies à table*, probablement le premier livre traitant de l'étiquette à table. Parmi les règles mentionnées dans cet ouvrage, on trouve: ne pas flâner à table, ne pas reprendre de nourriture avant d'avoir avalé, tourner la tête lorsque l'on tousse ou éternue, ne pas se lécher les doigts, ne pas se curer les dents, ne pas regarder dans les assiettes des autres et, bien sûr, ne pas parler la bouche pleine. Il ajoute également que les invités auront les meilleures portions et les morceaux les plus tendres, qu'ils auront toujours à boire et à manger et qu'ils devront s'abstenir de critiquer la nourriture. Ces règles d'étiquette existent toujours aujourd'hui.

Depuis les temps anciens, la table demeure le centre des échanges sociaux et politiques. L'étiquette sociale et professionnelle n'est pas facultative : cette connaissance est à la base de l'image des gens qui se respectent et respectent les autres.

Il est clair que la connaissance de l'étiquette peut améliorer votre niveau et votre qualité de vie. L'entrepreneur averti consacre ses énergies au développement de son entreprise et à la mise en marché de ses produits et services. Il doit même parfois apprendre à marcher sur les eaux pour survivre ! Malheureusement, certains dirigeants laissent de côté les règles de base de l'étiquette – voire de la réussite – pour se ruer sur les nouvelles technologies. Où sont passées toutes ces règles tirées du code vestimentaire, de la courtoisie et de la politesse ? Pourquoi ne pas décider de surpasser les concurrents avec classe et distinction ?

De fait, l'étiquette, bien qu'elle soit essentielle, est trop souvent source de malaise. Pourquoi ? Parce que, dans la majorité des cas, on la connaît mal et que l'on improvise. Les gens d'affaires doivent être conscients de l'importance des bonnes manières, tant dans leur milieu de travail que dans leur vie privée. De nos jours, le «passable» n'a plus sa place : on recherche les gens qui ont de la classe et de la personnalité.

Si vous évoluez dans le milieu des affaires, le savoir-vivre est votre carte la plus précieuse. Que nous parlions de tact, de politesse, de bonnes manières ou de savoir-vivre, tous ces mots servent à définir le mot «étiquette». L'étiquette a donc trait au formalisme des relations entre particuliers, au comportement en société. Ses règles peuvent être modifiées en fonction des besoins et des coutumes.

Par ailleurs, certaines personnes utilisent, à tort, le mot «éthique» parce qu'elles confondent règles d'éthique et règles d'étiquette; or, l'éthique se rapporte à la morale, alors que l'étiquette a trait à la bienséance, à la politesse.

Le protocole

La signification du mot «protocole» est bien distincte de celle du terme «étiquette» et son utilisation peut prêter à confusion. De fait, on l'associe souvent au monde de la diplomatie ainsi qu'à tout ce qui entoure les banquets et les soirées officielles. Ce n'est pas faux, mais ce n'est pas tout à fait cela non plus. Le protocole, c'est précisément l'ensemble des règles établies en matière d'étiquette, d'honneurs et de préséance dans les cérémonies officielles. Cette notion concerne aussi les relations entre puissances souveraines, les rapports hiérarchiques et individuels entre gens haut placés. Seul un souverain, un président ou un premier ministre d'État peut modifier les règles du protocole.

Certains utilisent le mot «protocole» au lieu d'étiquette tout simplement parce qu'ils le pensent plus moderne. Rien de plus faux: ce vocable fait bel et bien partie des relations entre dirigeants depuis des milliers d'années. «Le protocole fut inventé par les Chinois afin d'établir les règlements relatifs à l'ordre qui détermine les étapes de la conduite diplomatique. Ce type d'arrangements est très important pour un pays[1].» «Le protocole ne consiste pas seulement à déterminer

---

1. Joseph V. Reed, Jr., chef du protocole au Département d'État américain, *The Washington Post*, 28 novembre 1989.

l'ordre dans lequel on s'assoit : il s'agit d'une formule qui sert à déterminer les règles dans les relations internationales[2]. »

En affaires, le protocole concerne tout individu conscient de l'image qu'il veut donner de son entreprise, tant au travail que durant ses heures de loisirs. Récemment, un client me disait : «J'ai donné une promotion importante à l'un de mes meilleurs employés. C'est une promotion qu'il souhaitait depuis fort longtemps et je suis heureux de cette décision car le résultat dépasse mes espérances. Mais son nouveau travail exige plus que de la performance : il nécessite une nouvelle attitude. »

Et vous, avez-vous l'attitude qui correspond à votre titre ? En affaires, «vous êtes le message» et deux facteurs essentiels contribuent à votre succès sur ce plan : vos connaissances et la façon avec laquelle vous les communiquez.

Projetez-vous l'image que vous désirez projeter ?

Tom Peters, le célèbre conférencier américain, écrivait dans le *Wall Street Journal* : «Soyez prêts ou vous serez perdus. Des transformations majeures s'en viennent.» Autrement dit, désormais les affaires ne se feront plus comme par le passé. Et nous commençons aujourd'hui à entrevoir ces transformations.

Mais revenons un peu en arrière pour comprendre cette évolution. Dans les années 1970, les gens d'affaires misaient beaucoup sur l'image et la tenue vestimentaire au détriment du comportement et des bonnes manières. Des centaines de livres ont été écrits sur le sujet et l'Américain John T. Malloy

---

2. Selwa Roosevelt, ancien chef du protocole au Département d'État américain de 1982 à 1989.

est devenu, dans les années 1980, le gourou de l'image *gagnante*. Malloy disait dans ses ouvrages et ses séminaires que les trente premières secondes d'une rencontre sont déterminantes et qu'il n'existe pas de deuxième chance pour laisser une bonne «première» impression. Sur ce plan, il avait raison. Malloy donnait aux gens d'affaires une recette pour paraître plus prospères et même pour le devenir.

À cette époque toujours, on prêchait aux femmes d'affaires d'adopter des lignes de vêtements plutôt masculines et conservatrices, de sorte que plusieurs d'entre elles ont opté pour le tailleur à l'allure masculine, l'ensemble pantalon et le port des souliers à talons plats. Ensuite, on a délaissé les coupes sévères pour favoriser des styles de vêtements reflétant davantage le tempérament personnel; on encourageait ainsi les gens à considérer la tenue vestimentaire comme un élément du langage non verbal. Les experts se sont mis à affirmer que, dans une relation d'affaires, nos interlocuteurs nous jugent en fonction de ce qu'ils voient et que notre apparence peut révéler notre degré d'instruction et d'éducation, le choix de notre cercle d'amis et même notre compte en banque.

Un peu plus tard, soit vers la fin des années 1980, on a ajouté à ces concepts d'image et de réussite, les règles du comportement, de l'attitude et de l'étiquette en affaires.

Comment obtenir cette classe et l'utiliser à son avantage?

Les sociétés internationales misent beaucoup sur le respect de l'étiquette, mais ce sujet préoccupe également toutes les personnes désireuses d'évoluer avec aisance et de progresser dans le monde des affaires, sans égard à la taille de l'entreprise. Il importe aussi de connaître les règles d'étiquette des autres cultures, car elles diffèrent d'un continent à l'autre. Cette marque de considération pour les autres mœurs est valable qu'on soit le visiteur ou l'hôte. Car c'est d'abord grâce à ses bonnes manières qu'on apprécie la présence de quelqu'un. Évidemment, il nous arrive tous de faire des faux pas. Chez les grands de ce monde, certains d'entre eux sont même passés à l'histoire!

Chapitre 2

Les présentations

*« Tous les individus sont pareils ;
seules leurs habitudes diffèrent. »*
Confucius

En affaires comme dans la vie privée, l'art de se présenter ou de présenter les autres constitue une tâche des plus importantes. Pourtant, de nombreuses personnes ne savent pas comment s'y prendre.

Peu importe la durée de la rencontre, misez sur les présentations! Si vous n'avez pas la mémoire des noms, il est préférable de demander aux gens de répéter leur nom. Ils se feront un plaisir de collaborer. S'abstenir de faire les présentations constitue un manque de savoir-vivre et rend les gens mal à l'aise.

Les présentations sociales

«Qui dois-je présenter et à qui?» Socialement, nous avons appris à suivre la hiérarchie, c'est-à-dire à nommer les membres du clergé, les politiciens, les femmes, les personnes les plus âgées et les visiteurs étrangers en premier lieu. Il importe de valoriser les personnes qu'on présente, de bien prononcer leur nom, de donner le juste titre et d'ajouter de gentilles phrases.

Voici plus en détail comment faire selon les situations.

Les femmes

Il est d'usage de s'adresser à la femme d'abord. Par exemple : «Louise, puis-je vous présenter Simon Lafleur? Monsieur Lafleur vient d'ouvrir une boutique au centre-ville.» «Monsieur Lafleur, je vous présente Louise Lebel ; Louise est professeure d'anglais.»

Lors des présentations sociales, c'est à la femme qu'il revient de présenter la main d'abord. En l'occurrence, madame Lebel tendra donc la main à Monsieur Lafleur en premier lieu.

Les personnes plus âgées

Lorsqu'on connaît plus intimement les personnes, on peut utiliser le prénom seulement. Dans le cas suivant, il s'agit d'un collègue : «Charles, je vous présente Pierre Lépine, le fils aîné de ma sœur Monique. Pierre, voici Charles Lapointe, mon collègue pharmacien. »

Une personne d'un âge visiblement plus avancé aura la préséance absolue et se verra présenter tous les autres invités. Ici, c'est la personne âgée qui tend la main en premier lieu.

Un fils présente un copain à sa mère

«Maman, je te présente (ou je vous présente) Pierre Lépine. Pierre est notre champion de football au collège. Pierre, je te présente ma mère Monique. »

Dans ce cas, la maman présente sa main en premier lieu.

La présentation d'un couple

Dans le cas d'un couple, présentez chacun (prénom et nom) sans autre commentaire. Dans certains pays, les femmes utilisent le nom du mari ; dans ce cas, vous pouvez utiliser la mention «Monsieur et Madame Lafleur».

Les exceptions

Les membres du clergé, les personnalités politiques, les royautés et les célébrités auront la préséance absolue et se verront présentés à tous les participants. On ne présente pas le premier ministre ni le président d'un pays, puisque ces gens sont connus. On dira simplement «Monsieur le premier ministre, je vous présente madame Jeanne Lafleur. Madame Lafleur agit comme bénévole durant les élections.» (On n'ajoutera donc pas «Madame Lafleur, je vous présente le premier ministre.»)

Les présentations d'affaires

Les présentations d'affaires diffèrent grandement des présentations sociales. La principale différence consiste à ne faire aucune distinction entre les genres: en affaires, on mise plutôt sur la hiérarchie! Ainsi, l'étiquette exige que, dans les présentations sociales, on nomme les femmes en premier lieu et qu'elles doivent présenter la main avant l'homme. Cette règle tombe dans les présentations d'affaires. Cette différence existe depuis plusieurs années déjà, mais elle demeure inconnue.

Lors de vos présentations d'affaires, souvenez-vous de mentionner le nom de la personne la plus importante en premier lieu, qu'il s'agisse d'un homme ou d'une femme. Souvenez-vous également que l'homme ou la femme peut présenter la main en premier sans risquer d'offenser qui que ce soit.

J'ai remarqué, lors de mes séminaires et de mes conférences, que les gens sont étonnés lorsque je leur parle de règles d'étiquette spécialement adaptées au monde des affaires. En effet, la plupart des gens utilisent encore aujourd'hui les règles de l'étiquette sociale lors de leurs rencontres d'affaires; pis encore, certains évitent même de faire les présentations, non par manque d'intérêt mais par manque de connaissances. Je dois avouer que les hommes ne savent pas trop comment agir envers les femmes, et vice versa!

L'exception qui confirme la règle

Dans toute organisation, le client est la personne la plus importante. On le nomme donc en premier lieu lors des présentations. Ici, on oublie le genre et la hiérarchie reliée au titre.

Si vous présentez votre patron à un client, vous direz : « Monsieur Client, je vous présente Monsieur Untel, président de l'entreprise. » La même règle s'applique lorsque vous présentez votre client à un directeur de la compagnie ou à un collègue.

Lorsque vous présentez une femme cadre à un client, vous direz : « Monsieur Lafleur, je vous présente Madame Dubois, directrice des finances. Monsieur Lafleur est un client de Chicoutimi. » Vous remarquerez que monsieur Lafleur, le client, est nommé avant la directrice des finances. Je le répète, cette façon de présenter les femmes d'affaires est différente des présentations sociales auxquelles nous sommes habitués.

Présenter un patron

Pour bien faire les présentations, il faut se souvenir que le client est la personne la plus importante. Si vous devez présenter un client à votre patron, n'oubliez pas de nommer le client en premier lieu ; cette façon de faire s'applique également si le patron est une femme. Si vous présentez votre patron à votre conjoint, nommez le patron en premier lieu ; dans ce cas, c'est la hiérarchie qui compte. Lorsque vous présentez un directeur ou un collègue, nommez la personne occupant le plus haut poste en premier lieu, qu'il s'agisse d'un homme ou d'une femme.

Présenter un adjoint

Il faut présenter son adjoint avec tous les égards qui lui sont dus. On utilise son titre – monsieur, madame ou mademoiselle – au moment des présentations : « Monsieur Untel, je vous présente mon adjointe, madame Colette Courtois. Madame Courtois, voici monsieur François Untel. »

Si l'adjointe le désire, elle peut ajouter : « Je vous en prie, appelez-moi Colette. » Le visiteur pourra répondre : « Et moi, François. » Si l'adjointe est jeune, elle préférera sans doute qu'on utilise son prénom. Dans ce cas, vous pourriez dire : « Monsieur Untel, j'aimerais vous présenter mon adjointe, Colette Courtois. Colette, voici monsieur François Untel. »

Autres présentations d'affaires

Voici quelques situations en vrac.

- Vous présentez un jeune cadre à un cadre supérieur : « Monsieur Cadre supérieur, je vous présente monsieur Jeune cadre. »

- Vous présentez un collègue à un employé d'une autre société : les règles de la politesse exigent que l'employé de l'autre société soit nommé en premier lieu s'il occupe un poste équivalent. Si vous présentez un employé d'une autre entreprise au président de la vôtre, c'est la hiérarchie qui compte : « Monsieur Président, je vous présente monsieur Employé de la compagnie ABC. »

- Vous vous présentez à différentes personnes dans un groupe : « Bonjour Madame Lafleur, je suis Louis Lafrance. Je vous ai rencontrée lors d'une visite à nos bureaux. » Ne dites jamais : « Vous ne vous souvenez pas de moi, n'est-ce pas ? »

- Vous présentez un nouveau venu à un groupe : faites les premières présentations et même si vous ne vous souvenez pas de tous les noms, ne vous en faites pas. Suggérez aux gens de se nommer à tour de rôle.

- Vous présentez deux de vos amis qui ne se connaissent pas : «Marie Lafleur, voici Louis Lacroix. Louis et moi avons fréquenté le même collège. Il est ici en voyage d'affaires. Marie et moi partageons le même bureau.» Notez que, dans les deux cas, le prénom et le nom sont utilisés.

- Vous vous présentez à un endroit et l'hôte est occupé : efforcez-vous alors de circuler et de rencontrer tout le monde. C'est même votre devoir en tant qu'invité. Évitez de consacrer toute la soirée seulement aux gens que vous connaissez déjà. Profitez de toutes ces circonstances pour élargir votre réseau.

- Vous êtes invité à un repas. Les règles de présentation sont simples : «Bonjour, je m'appelle...»

- Vous présentez des conjoints de fait : mentionnez les noms complets, sans raconter l'histoire de leur vie.

Se présenter soi-même

Il arrive quelquefois que nous nous retrouvions dans des situations qui imposent que nous nous présentions nous-mêmes. Il ne faut pas négliger cette chance. Lorsque vous vous présentez, dites votre prénom et votre nom ainsi que votre fonction. Les présentations sont brèves. Il faut se rendre inoubliable en très peu de temps, soit entre 15 et 30 secondes. Il importe donc de vous entraîner à décliner vos formules de présentation. Pour vous aider à préparer ces formules, pensez à ce que vous voulez que les gens retiennent après votre rencontre.

En ce qui me concerne, je me présente comme suit : «Bonjour, je m'appelle Ginette Salvas. Je suis formatrice et conférencière en étiquette des affaires.» Si les gens veulent en savoir plus sur ce que je fais, je peux ensuite élaborer davantage.

N'oubliez pas que la présentation est une vitrine qui offre aux gens une vue d'ensemble de ce que vous faites. J'aurais très bien pu faire comme la majorité et utiliser cette phrase : «Bonjour, je m'appelle Ginette Salvas, présidente de l'École internationale d'étiquette et de protocole.» Le message que je donnerais alors serait le suivant : je suis une présidente parmi tant d'autres qui se présenteront lors de l'événement.

Personnalisez vos présentations ; vous réaliserez que les résultats sont immédiats.

Répondre aux présentations

La façon dont nous répondons aux présentations est tout aussi importante que la façon dont nous faisons les présentations.

Dans bien des cas, un simple «Bonjour» suffit. Si vous voulez vous souvenir du nom de la personne, dites, par exemple, «Bonjour Louise» et regardez votre interlocutrice dans les yeux. Les gens apprécieront que vous répétiez plusieurs fois leur prénom au cours de la conversation, car ils comprendront que vous leur accordez de l'intérêt. Le simple fait de les nommer quelques fois au fil des sujets peut vous ouvrir bien des portes.

Évitez les clichés comme : «Enchanté», «Ravi», «Comment allez-vous ?» et autres réponses insignifiantes.

À la fin d'une conversation, dites «Ça m'a fait plaisir de vous parler» ou encore «J'ai été heureux de vous rencontrer». Saluez les gens autour de vous et ne partez jamais sans saluer et remercier les hôtes.

Les femmes doivent-elles demeurer assises lors des présentations ? La réponse est non. Les nouvelles règles de l'étiquette disent que tous, hommes ou femmes, se lèvent lorsqu'un nouveau venu se présente à un petit groupe. Toutefois, s'il s'agit d'un grand groupe de personnes, alors seules les personnes qui se trouvent près du nouveau venu se lèvent.

Lors des présentations, écoutez attentivement le nom des gens. Plusieurs personnes disent avoir de la difficulté à se souvenir des noms. Voici quelques conseils :

- Mentionnez le nom de la personne tout de suite : « C'est un plaisir de vous rencontrer, Monsieur Lafleur. » Si vous pouvez répéter le nom trois fois au cours de la conversation, vous vous en souviendrez ;

- Si vous ne comprenez pas bien le nom, demandez à la personne de le répéter. Cela n'est pas une offense. Bien au contraire, il s'agit d'une marque d'intérêt envers votre interlocuteur ;

- Vous pouvez également utiliser l'association d'idées. Dans le cas de Monsieur Lafleur, vous pourriez y associer l'image d'une fleur ;

- Vous pouvez aussi vous rappeler le nom de famille en pensant à un ami qui a le même patronyme.

Les gens apprécient qu'on utilise leur nom et qu'on le prononce correctement. Entendre son nom constitue une musique pour l'oreille. C'est une façon efficace de vous rapprocher des gens. Si vous montrez de la considération pour autrui, vous serez perçu comme un individu qui respecte les autres, une perception très efficace en affaires.

Petites politesses entre hommes et femmes

Voici quelques conseils entourant les rencontres. À noter que les règles changent lorsqu'il s'agit de réunions d'affaires.

Les comportements sociaux

- C'est la femme qui tend d'abord la main à l'homme.
- Un homme ôte son gant droit pour serrer la main.
- Une femme ne se dégante jamais pour donner une poignée de main.
- C'est l'homme qui ouvre la porte et laisse passer la femme.
- Au restaurant, après avoir ouvert la porte et laissé passer la femme, l'homme passe devant elle et s'adresse au restaurateur, qui lui désignera la table.
- Escalier : un homme précède une femme quand ils descendent un escalier et il suit la femme quand ils le montent.
- Sur le trottoir, l'homme marche toujours du côté de la chaussée.

Les comportements en affaires

- La femme ou l'homme tend la main en premier lieu.
- Ni l'homme ni la femme ne portera de gants pour les présentations d'affaires.
- L'homme ouvre la porte et laisse passer la femme, mais ce n'est pas nécessaire.
- Au restaurant, si c'est la femme qui reçoit, c'est elle qui précédera l'homme.
- Le comportement social dans un escalier ou dans la rue s'applique toujours en affaires, mais ce n'est pas nécessaire.
- La bise, l'accolade ou le baisemain n'ont pas leur place en affaires.

Le tu ou le vous?

Dans le milieu professionnel, la courtoisie commande le respect. Parmi les règles à suivre, on dénote le vouvoiement. Or depuis les années 1960, cette marque de courtoisie a été relayée aux oubliettes. À cette époque, on a décidé de tutoyer allégrement sous prétexte de créer un rapprochement entre les individus. Les enfants ont donc appris à tutoyer les parents, les enseignants et les personnes âgées. Aujourd'hui, on se rend compte qu'on avait fait fausse route et l'on revient graduellement au vouvoiement dans les écoles.

La langue française, merveilleuse et poétique, permet beaucoup de nuances comme celle qui existe entre le tu et le vous. Le vouvoiement permet en effet de garder une certaine distance vis-à-vis d'une personne avec laquelle on n'est pas intime. Cela ne rime pas nécessairement avec froideur ou arrogance! Le vouvoiement établit simplement une certaine barrière et une distance entre les gens.

Supposons qu'un client vous demande de le tutoyer. Que devez-vous faire? Eh bien, vous pouvez accepter de le tutoyer… mais préparez-vous à avoir plus de difficulté à négocier avec lui lorsqu'il vous demandera de lui accorder une faveur comme une prime, un rabais ou un délai de livraison plus court. Si vous persistez à vouvoyer ce client, la négociation sera plus ferme tout en demeurant polie.

Par ailleurs, lorsqu'on veut commander le respect, la considération ainsi que le sens de la hiérarchie, on utilise le vous. Quand, au contraire, on veut accentuer l'intimité et la convivialité, on utilise le tu. Les règles de l'étiquette sont claires à ce sujet: on vouvoie ses professeurs, les aînés, les parents, les inconnus et les supérieurs. Si une personne vous demande de la tutoyer, acceptez de le faire. Si cela vous rend mal à l'aise, mentionnez-le. L'étiquette consiste à bien se conduire, mais aussi à demander l'approbation de l'autre.

N'oubliez pas qu'il est beaucoup plus facile de passer du vous au tu, plutôt que l'inverse. Vous éviterez beaucoup de problèmes dans les entreprises si vous établissez des règlements clairs concernant le tutoiement entre collègues, patrons et employés, clients et représentants.

Le contact des yeux

Un proverbe dit: «À qui sait comprendre, peu de mots suffisent.»

Vous êtes-vous déjà demandé comment il se fait que certaines personnes dégagent un charisme indéniable alors que d'autres passent inaperçues? Une façon indéniable pour développer votre charisme consiste à miser sur une bonne poignée de main ainsi que sur un contact franc et direct des yeux lors des présentations. Évidemment, dans certains pays, cette méthode est à proscrire, d'où l'importance de se documenter sur les coutumes des pays que vous visitez.

Bien des gens se présentent et se donnent la main sans même se regarder. Il s'agit d'une grave erreur qui symbolise un manque d'intérêt flagrant. Il importe donc, lorsque nous donnons la main à une personne, de la regarder dans les yeux. La meilleure façon de ne pas l'oublier, c'est de se faire un devoir de se souvenir de la couleur des yeux de son interlocuteur. Pourquoi? Pour créer un climat de confiance et de sincérité. De fait, lorsqu'une personne n'ose pas vous regarder bien en face, il est permis de douter de son intégrité.

Profitez donc de cette occasion pour faire valoir votre leadership et inspirer le respect aux gens que vous côtoyez. Les grands chefs sont souvent décrits comme des gens qui possèdent un grand charisme et ce charisme, ils l'ont appris en «connectant» physiquement, émotionnellement et intellectuellement avec les gens. Le regard direct et franc constitue une occasion en or pour établir une communication chaleureuse avec son interlocuteur. Il en va de même de la poignée de main.

La poignée de main

La poignée de main a une histoire peu banale. Effectivement, les preux chevaliers de l'époque médiévale offraient la main aux gens qu'ils rencontraient afin de voir si ces derniers cachaient des armes dans leurs manches. L'accolade, quant à elle, était utilisée par les Égyptiens qui se rapprochaient ainsi des gens pour vérifier s'ils ne camouflaient pas une épée sous leur robe.

La façon dont vous serrez la main est déterminante. Les gens vous jugent beaucoup plus que vous ne le pensez en fonction de votre poignée de main.

Les différents types de poignées de main

- **La poignée de main de sympathie :** elle est utilisée dans des cas de compassion extrême : décès, mauvaise nouvelle et tristesse. Elle est synonyme de surprotection. On ne s'en sert pas dans les rencontres d'affaires. On voit souvent ce type de poignée de main durant les campagnes électorales, alors que les candidats tentent de se rapprocher des électeurs. En plus d'offrir ce contact privilégié, ils touchent le bras de l'autre personne : plus la deuxième main se rapproche de l'épaule, plus le message est perçu comme sympathique.

- **Le poisson mort :** ce type de poignée de main du bout des doigts, que nous appelons également main molle, est très décevant. Il donne l'impression d'un complexe d'infériorité, d'une faible personnalité. Cette poignée de main est utilisée par des personnes introverties qui ne désirent pas déranger ou qui ont de la difficulté à prendre leur place. Qui veut faire affaire avec ce genre de personnes?

- **La pompe à eau**: comme son nom l'indique, préparez-vous à vous faire brasser le bras. Ce type de poignée de main est utilisé par des gens dynamiques et extravertis, mais elle n'est pas tellement esthétique. Elle risque même de vous désarticuler l'épaule!

- **Le broyeur**: les hommes utilisent plus souvent cette poignée de main que les femmes. S'agit-il d'un manque de connaissance ou d'un pouvoir dominateur? C'est souvent un mélange des deux. C'est, en tout cas, une façon peu originale de faire sa marque: on se souvient toujours, en effet, d'une poignée de main qui a failli nous broyer les os...

- **La franche poignée de main**: c'est une bonne poignée de main, d'égal à égal, paume à paume; les deux mains sont parallèles et personne n'essaie de renverser la main de l'autre en tentant de prendre le pouvoir (voir la figure 1). C'est la poignée de main de la personne – femme ou homme – d'affaires avertie.

Figure 1. La franche poignée de main

Voici les caractéristiques d'une telle poignée de main :

– Que vous soyez une femme ou un homme, levez-vous toujours pour donner la main et répartissez votre poids également sur vos deux pieds ;

– Placez-vous en face de la personne ;

– Assurez-vous qu'il n'y a pas d'obstacle entre vous deux. Évitez de donner la main si une table ou un bureau vous séparent. Si c'est le cas, déplacez-vous et allez vers votre interlocuteur ;

– Regardez la personne dans les yeux ;

– Offrez une poignée internationale (non menaçante) : la main est ouverte, le pouce est en l'air et les doigts se touchent ;

– Gardez les deux mains parallèles ;

– Tenez le coude près du corps ;

– Donnez une poignée de main brève.

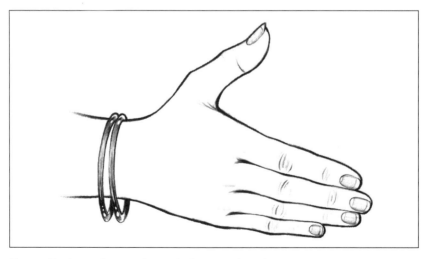

FIGURE 2. La poignée de main internationale

Donnez la main à l'arrivée et au départ. Si vous vous demandez qui doit tendre la main d'abord, pourquoi ne pas entamer le geste vous-même? Il s'agit toujours d'un geste positif.

Situation de contrôle

Lorsque vous donnez la main, il est possible que votre interlocuteur tente d'affirmer qu'il a un certain pouvoir en tournant votre main de façon que sa main soit sur le dessus et non parallèle à la vôtre. Bien que ce geste puisse être involontaire, il n'en est pas moins la manifestation d'un désir de dominer, de prendre le pouvoir.

En tant que personne avertie, renversez la main de l'interlocuteur jusqu'à ce qu'elle redevienne parallèle à la vôtre. De cette façon, vous témoignerez que vous tenez à établir un rapport d'égal à égal. Maintenant que vous le savez, vous pouvez rétablir, en toute connaissance de cause, l'équilibre souhaité lorsque vous expérimenterez une situation de ce genre.

Le langage non verbal

Lors d'une conversation, nous utilisons souvent nos mains pour nous exprimer, en plus de nos paroles. Il arrive même qu'en parlant au téléphone, nous fassions des gestes pour décrire un objet. Avez-vous déjà vécu cette expérience?

Et si je vous demandais de me décrire une spirale? Avec des gestes, tout est facile, n'est-ce pas? Décrivez maintenant cette même spirale sans utiliser vos mains. Difficile, non? Cela prouve qu'il est plus facile et efficace de présenter un exposé en utilisant les gestes. Le message passe mieux, la communication est plus directe.

Certains gestes ont un sens presque universel. Par exemple, le simple fait de hocher la tête d'avant en arrière signifie oui dans un grand nombre de cultures ; par contre, ce n'est pas le cas en Grèce, où la signification est opposée. C'est la raison pour laquelle il est si important de connaître la culture d'un pays avant de s'y rendre : ces petits détails peuvent faire toute la différence !

Certains gestes sont accomplis volontairement pour signifier quelque chose ; d'autres sont accomplis de manière involontaire et nous trahissent plutôt que de traduire le message que l'on veut passer. Portez une attention spéciale à ces gestes accomplis de manière inconsciente. Vous pourrez ainsi décoder ce que pense vraiment votre interlocuteur et contrôler davantage la manière dont vous êtes perçu.

Le langage de la tête

La tête en position normale est plutôt droite sans pour autant être rigide. Lorsque vous rencontrez des gens, surveillez le langage de la tête, il est intéressant et révélateur.

Lorsque la tête est légèrement inclinée vers le côté, cela dénote un intérêt certain. Par contre, la tête baissée vers l'avant signifie qu'on vous juge et qu'on est en désaccord avec vos propos.

Si votre interlocuteur croise les mains derrière sa nuque, cela signifie qu'il se croit rusé. Comme vous devez être encore plus rusé que lui, efforcez-vous de le faire changer de position. Comment ? Présentez-lui une carte ou un document. Il sera bien forcé de se décroiser les mains ! Ou encore, imitez son geste et lorsque vous baisserez les bras, il est fort possible qu'il vous imite. La communication sera alors plus détendue.

Le langage des épaules

Le fait de hausser les épaules en plissant la bouche et en regardant vers le ciel signifie: «Je ne sais pas.»

Si votre interlocuteur hausse les épaules d'un geste rapide et fait un léger mouvement de la bouche, c'est qu'il veut vous dire: «Je m'en fous.»

Hausser les épaules en tendant les bras, paumes ouvertes, signifie: «Je ne comprends pas.»

Le langage des mains

Les mains, comme on le sait, parlent beaucoup. Voyons quelques-uns des messages qu'elles livrent.

- **Deux doigts formant un O**: au Canada, aux États-Unis et dans les pays anglo-saxons, le O formé avec le pouce et l'index symbolise l'excellence. En France, cela signifie «zéro ou nul». Au Danemark et en Italie, ce geste peut être perçu comme une insulte. Au Brésil, au Guatemala et au Paraguay, il est considéré comme obscène. Au Japon, c'est un signe d'argent;

- **Le pouce levé**: au Canada comme aux États-Unis et en général en Europe, le pouce levé signifie «C'est super!». Toutefois, au Moyen-Orient, en Grèce et en Afrique, il s'agit d'un geste obscène. Au Japon, le pouce équivaut au chiffre cinq;

- **Pointer du doigt**: pointer un objet ou une personne du doigt n'est pas un geste très noble. Pourtant, les enfants et certains adultes ne se gênent pas pour le faire. Dans plusieurs cultures, ce geste constitue une offense. Certains peuples pointeront avec leur menton, un mouvement de la tête ou même un pincement des lèvres. En Asie, on utilise la main complète plutôt que le doigt;

- **Appel :** on peut appeler une personne, par exemple un collège ou un subalterne, avec la main, paume vers le haut. Il vaut mieux éviter ce geste pour appeler un supérieur ;

- **Le V de la victoire :** on forme ce V en pointant l'index et le majeur vers le ciel. Ce symbole de la victoire a été popularisé en Amérique du Nord durant les années soixante pour signifier la paix. Winston Churchill l'a popularisé au Royaume-Uni comme un geste de victoire après la Deuxième Guerre mondiale. On effectue ce V en tournant la paume de la main vers l'extérieur ; si la paume est tournée vers soi, le V peut être interprété différemment et même devenir un geste obscène dans certains pays.

- **Frottement des mains :** le simple fait de se frotter les mains, paume contre paume, signifie «Quelle bonne affaire !» ou «Bonne nouvelle !» ou encore «Bonne rentrée d'argent !». En tout cas, ce geste est un signe de réjouissance. Dans certains cours de vente, on enseigne aux vendeurs à se frotter les mains pour laisser croire aux clients qu'ils concluront une bonne affaire.

- **Les mains croisées :** ce geste dénote de la frustration, voire de l'hostilité et même de la rage dans certaines circonstances. Plus les mains sont croisées haut, et même jusqu'au menton, plus le degré de frustration est élevé. Lorsque les mains sont croisées sur une table, l'humeur est meilleure. Si vous rencontrez des personnes qui utilisent ce geste, prenez tous les moyens pour qu'elles se décroisent les mains. La communication sera beaucoup plus heureuse et profitable aux deux parties.

- **Les mains portées au visage :** si votre interlocuteur place sa main sur sa bouche, il s'agit là d'un indice de mensonge ou encore d'incertitude. Les gestes suivants sont également indicateurs de mensonge : se toucher le nez, se frotter les yeux, se frotter les oreilles et se gratter le cou. Lorsque votre interlocuteur porte une main à l'une de ses joues, c'est que la situation l'ennuie et qu'il est impatient. De plus, si la main est pliée avec un doigt pointant vers le haut, cela signifie qu'il vous écoute par politesse. S'il porte les mains au menton, c'est qu'il vous évalue avant de prendre une décision finale. Si votre interlocuteur met une main sur son front, c'est qu'il pense : «Pas encore ça!» S'il la place sur la nuque, c'est qu'il veut dire : «Ça m'énerve au plus haut point!»

• **Les mains en triangle**: lorsque les mains sont placées en triangle vers le haut, cela signifie que votre interlocuteur est une personne d'action qui inspire confiance. Ce geste est souvent utilisé par les présidents d'entreprises ou les chefs de pays. Inutile d'ajouter qu'il est bien souvent imité par d'autres personnes qui veulent se donner de l'importance. Lorsque les mains forment un triangle vers le bas, cela signifie que votre interlocuteur démontre une certaine arrogance pour cacher son manque d'assurance. Attendez-vous à une réponse et à une attitude négatives.

Le langage des bras

Les bras croisés, c'est un fait connu, indiquent que vous êtes fermé à toute proposition. Le plus malin devra vous faire décroiser les bras pour établir une bonne communication. Autrement, c'est peine perdue.

Le langage des jambes

Si, en vous asseyant, vous vous croisez les jambes, c'est que vous êtes nerveux, timide et que vous vous sentez menacé. Si, en plus, vos bras sont superposés, vous êtes d'humeur massacrante. Si vous êtes debout et que vous croisez les jambes, cela signifie que vous êtes très secret et sur la défensive. Si, au contraire, vous avez des gestes ouverts et que vos jambes ne sont pas rigides, vous avez une attitude amicale, franche et détendue.

Et les chevilles, que nous révèlent-elles? Peur, anxiété, nervosité, émotion, trac, ou tout cela à la fois. Lorsque vous parlez au téléphone, que vous recevez des gens à votre bureau ou encore que vous êtes en réunion et que vos chevilles sont croisées, vous n'êtes certainement pas détendu et vous êtes beaucoup plus vulnérable. Les femmes nouent facilement un pied autour de leur cheville. Que de timidité, mesdames! Cela se voit.

Test: la communication non verbale

1. Le langage non verbal est moins important que les mots que vous utilisez pour communiquer. Vrai ou faux?

2. Il est recommandé de toujours regarder les gens dans les yeux lors des présentations. Vrai ou faux?

3. Une poignée de main ferme s'applique aux hommes seulement; les poignées de main des femmes doivent être moins fermes. Vrai ou faux?

4. Plus votre poignée de main se prolonge, plus vous semblez sincère. Vrai ou faux?

5. Vous avez les bras remplis de documents alors que quelqu'un se présente à vous et vous tend la main. Que devez-vous faire?
   a) Tenter de lui présenter la main droite.
   b) Déposer vos documents et tendre cordialement la main.
   c) Verbaliser seulement et oublier la poignée de main.

6. Un «broyeur» vous donne la main, que devez-vous faire?
   a) Mentionner que cela n'est pas apprécié.
   b) Broyer la main de votre interlocuteur à votre tour.
   c) Ne faire aucun commentaire.

7. La bise remplace la poignée de main dans la plupart des circonstances. Vrai ou faux?

8. Vous répondez à une poignée de main avec vos deux mains dans la plupart des rencontres d'affaires. Vrai ou faux?

9. La tenue vestimentaire d'un employé révèle le degré de professionnalisme de l'entreprise. Vrai ou faux?

10. Vous bavardez en petit groupe. Soudain, vous vous souvenez que vous avez quelque chose d'important à discuter avec un membre du groupe en particulier. Vous devriez:
    a) Attendre d'être seul avec cette personne.
    b) Interrompre les autres et le mentionner.
    c) Demander à votre secrétaire d'envoyer une note à cette personne.

Les réponses

1. Faux 2. Vrai 3. Faux 4. Faux 5. *b)* 6. *a)* 7. Faux
8. Faux 9. Vrai 10. *a)*

Attention à vos gestes, ils reflètent votre pensée!

Chapitre 3

Les outils de communication

« *La politesse est la grâce de l'esprit.* »
Extrait de *La politesse* d'Henri Bergson, philosophe français
et Prix Nobel de littérature de 1927

La voix est le véhicule de la communication. Le choix des mots et la tonalité de la voix contribuent à rehausser ou à amoindrir votre image.

Votre voix est-elle plaisante? Les gens ont-ils le goût de vous entendre? Pour le savoir, enregistrez votre voix et écoutez-la attentivement. Vous plaît-elle? Devez-vous la corriger? Par exemple, les voix trop aiguës sont énervantes.

Une voix déplaisante peut vous empêcher d'obtenir ou de garder un emploi. Votre voix est donc un grand indice de votre degré de professionnalisme. Quelle impression désirez-vous donner lorsque vous parlez au téléphone?

L'étiquette au téléphone

Lorsque vous êtes au téléphone, parlez clairement et articulez. Parlez dans le récepteur, lentement et d'une façon courtoise. Ne faites pas deux choses à la fois : accordez toute votre attention à l'interlocuteur.

Voici ce que vous devez savoir pour utiliser le téléphone en toute courtoisie.

Asseyez-vous droit et accrochez un sourire à votre voix

Posez vos pieds bien à plat sur le sol et ayez une voix souriante... un phénomène de plus en plus rare de nos jours et qui relève presque de l'exploit. Vous croyez que cela est farfelu ? Faites-en l'essai et vous vous rendrez compte que votre voix est très différente lorsque vous souriez.

Si vous ne voulez pas l'oublier, voici un truc qui fonctionne : accrochez un petit miroir près de votre téléphone et observez-vous pendant une conversation.

Rappelez toutes les personnes qui vous appellent

Les règles de l'étiquette en ce qui concerne les renvois d'appels mentionnent qu'ils doivent être effectués dans les 48 heures qui suivent, mais, personnellement, je trouve ce délai trop long. Je vous suggère de rappeler les gens dans les 24 heures. Si vous ne le faites pas, vous risquez d'offenser la personne qui a pris le temps de vous téléphoner, peu importe le motif de son appel.

Même si vous savez que vous ne ferez pas affaire avec un interlocuteur, ayez la courtoisie de le rappeler dans les délais prévus. Les gens qui tentent de vous parler ont normalement une bonne raison de le faire et les plus tenaces vous télépho-neront à maintes reprises s'il le faut. Donnez-leur la chance de se présenter, d'offrir leurs produits ou leurs services. De toute façon, la décision de faire affaire avec eux vous appar-tient. Le simple fait de ne pas rendre vos appels donne une impression de nonchalance et de piètre gestion. Est-ce vrai-ment le message que vous désirez laisser ?

Soyez préparé pour prendre vos messages

Ayez toujours un bloc-notes et un crayon près de votre télé-phone. Il est vraiment désagréable de se faire répondre : « Attendez-moi un instant, je vais chercher un crayon » ou « Mon crayon n'écrit plus… » ; l'impression produite est désastreuse pour la compagnie.

Répondez sans tarder

N'attendez pas plus de trois sonneries avant de répondre. Cela témoigne d'un certain respect envers la personne qui appelle. Donnez un service rapide et votre réputation s'en portera d'autant mieux.

Nommez-vous au début de la conversation

Lorsque vous répondez au téléphone, identifiez-vous dès le début de la conversation. Il est beaucoup plus facile de demander les coordonnées de la personne qui appelle lorsque vous vous êtes nommé au début de la conversation.

Soyez courtois, aimable, professionnel et enthousiaste

L'étiquette au téléphone est la même qu'ailleurs en affaires. Utilisez les bonnes manières, parlez d'une voix agréable, soyez respectueux et pensez à ce que vous dites. Parlez directement dans le micro du combiné et ne faites pas autre chose pendant que vous êtes au téléphone. Combien de fois entendons-nous des gens travailler à l'ordinateur, «brasser des papiers» ou encore répondre à des collègues pendant qu'ils vous parlent? C'est un comportement déplacé qui dénote un manque total de respect. Si vous devez utiliser l'ordinateur afin de pouvoir répondre efficacement à votre interlocuteur, il est préférable de l'en informer.

Écoutez

Soyez à l'écoute de votre interlocuteur. Ne mangez pas, ne buvez pas, ne fumez pas et ne mâchez pas pendant que vous êtes au téléphone. Abstenez-vous de tout commentaire sur les gens qui vous entourent. Si quelqu'un se présente à votre bureau et reste devant vous pour vous parler, servez-vous du mode garde de votre téléphone, puis demandez à cette personne de revenir dans quelques minutes ou dites-lui que vous la rappellerez une fois la conversation téléphonique terminée. Ne vous laissez pas distraire. Soyez ferme et poli.

Transférez les appels seulement si c'est nécessaire

Il est vraiment désagréable de se faire transférer d'une personne à l'autre. Le transfert d'un appel est une chose délicate ; il ne faut pas offusquer la personne qui appelle. Il est préférable de prendre ses coordonnées et de la rappeler plus tard, une fois qu'on a obtenu les informations demandées. En général, les gens n'aiment pas attendre.

Ne mettez pas vos appels en mode garde pour répondre à un autre appel

En affaires, la mise en attente ne devrait pas exister. Et puis, que penser de la musique d'ambiance qui nous laisse supposer que nous attendrons longtemps !

Soyez positif

Terminez vos appels sur une note positive en remerciant votre interlocuteur. N'oubliez pas que c'est la personne qui appelle qui doit terminer la conversation.

Faites vos propres appels

Ne demandez pas à une autre personne de composer le numéro pour vous. Si vous voulez vous rapprocher des gens, faites vos appels vous-même.

Laissez des messages clairs et brefs

Lorsque vous laissez un message, parlez lentement et claire-ment. Donnez votre nom, votre numéro de téléphone et un bref message. Il arrive très souvent que les gens parlent trop vite, et il devient alors impossible de saisir leur nom ou leur numéro de téléphone. Si vous ne parlez pas distinctement, ne vous attendez pas qu'on vous rappelle, non pas par mauvaise volonté mais parce que vos coordonnées n'étaient pas suffisamment audibles. N'oubliez pas de mentionner le meilleur temps pour vous joindre.

Si votre message ne nécessite pas qu'on vous rappelle, donnez assez de détails; par exemple, si vous téléphonez pour confirmer un rendez-vous, indiquez – lentement et clairement – la date, l'heure et l'endroit. Ajoutez que vous apprécierez que votre interlocuteur vous rappelle s'il a un empêchement. Même si vous connaissez bien la personne à qui vous laissez le message, donnez votre numéro de téléphone. Cela lui évitera de le chercher. À la toute fin du message, répétez votre nom et votre numéro de téléphone et raccrochez doucement le combiné.

Les téléphones cellulaires

Les volubiles mobiles dérangent beaucoup. Les gens qui utilisent leur cellulaire sans discernement incommodent près des deux tiers des gens de leur entourage. On l'entend sonner dans les réunions ou les séminaires, dans les salles de cinéma, au théâtre, au concert, durant les événements sportifs, au restaurant, dans les magasins, dans les salles d'attente, pendant les cérémonies religieuses et même dans les toilettes!

Bien sûr, les téléphones cellulaires sont pratiques. Ils nous offrent une protection en cas de danger et nous permettent de prendre nos messages à distance. Mais encore faut-il savoir les utiliser à bon escient!

Lors de sa mise en marché initiale, le téléphone cellulaire était considéré comme un outil de travail exceptionnel et un symbole de réussite. Aujourd'hui, la majorité des gens d'affaires et des étudiants en possèdent un. On dit que le tiers seulement des appels ont un lien avec l'emploi alors que les deux tiers ont un but social. Comme le cellulaire est devenu l'article indispensable des années 2000, des règles d'étiquette claires s'imposent. Voici quelques conseils généraux pour vous en servir sans déranger vos voisins :

– Parlez normalement. Vous n'avez pas à hausser le ton. L'époque où l'on devait crier dans l'appareil est révolue ;

– Lors de vos réunions d'affaires, fermez la sonnerie et mettez votre téléphone en mode vibration. De cette façon, vous êtes certain de ne pas perturber la rencontre. Vous pourrez l'utiliser en toute quiétude pendant la pause. Si vous attendez un appel urgent, vous devez en informer le président d'assemblée ou le conférencier et sortir de la salle dès la première sonnerie ;

– Fermez votre téléphone dans les endroits publics. Si vous devez appeler, sortez de l'endroit ;

– Servez-vous d'un numéro de cellulaire seulement si vous en avez la permission et si ce numéro est inscrit sur la carte professionnelle de l'interlocuteur. Autrement, laissez un message à son bureau.

De nos jours, la majorité des téléphones cellulaires vous offrent la possibilité de vérifier votre courrier électronique, d'envoyer des messages ou de surfer sur le Web. Évidemment, il ne serait pas approprié de le faire durant une réunion. Lorsque vous assistez à une réunion, concentrez-vous sur les sujets qui y sont traités et laissez votre cellulaire à l'abri des regards.

Le cellulaire au restaurant

Les gens me posent souvent cette question : «Lorsque je suis au restaurant, est-ce que je devrais laisser mon téléphone cellulaire sur la table bien à la vue?»

La réponse est non! C'est un manque flagrant de savoir-vivre et une entorse à l'étiquette. Votre téléphone devrait être dans votre sac à main ou dans votre porte-documents ou encore dans votre voiture. Si vous êtes seul au restaurant, n'utilisez pas votre téléphone cellulaire à table. Levez-vous et dirigez-vous vers un endroit retiré. De cette façon, vous n'embarrasserez pas les personnes occupant les tables voisines. Même si vous leur tournez le dos ou que vous couvrez votre bouche lorsque vous parlez au téléphone, vous dérangez quand même les autres. Afin de protéger la tranquillité des clients, certains restaurants situés aux États-Unis ont intégré dans leur établissement des cabines spécialement conçues pour accommoder les gens qui doivent parler au cellulaire d'une façon discrète.

Si vous possédez un téléphone cellulaire et qu'il représente pour vous l'image de la réussite, la salle à manger n'est certes pas l'endroit pour vous en servir.

Le cellulaire en voiture

N'oubliez pas que le téléphone cellulaire est source d'accidents sur la route. Certains États américains défendent même l'utilisation de cet appareil au volant et imposent des amendes sévères aux contrevenants.

Si vous désirez utiliser votre cellulaire en voiture, optez pour le mode main libre et munissez-vous d'une oreillette. De plus, lorsque vous téléphonez à quelqu'un et que vous savez qu'il s'agit d'un numéro de téléphone cellulaire, ayez la courtoisie de demander à la personne si elle peut parler ou si elle peut prendre un message. Sinon, laissez-lui le temps d'arrêter et de garer sa voiture ou demandez-lui quel serait le meilleur moment pour l'appeler à nouveau.

Les messageries vocales et les systèmes de réponse automatisée

De nos jours, 90 % des appels se butent à un système de réponse automatisée. Tout le monde déteste cela, mais la majorité l'utilisent. Si votre entreprise a instauré un tel service, de grâce, évitez les longues listes de numéros et assurez-vous qu'en cas d'urgence, il soit réellement possible de parler à quelqu'un *illico*. Trop souvent, on nous débite une liste interminable et, à la fin, il s'avère impossible de joindre qui que soit. Quelle frustration! Si vous utilisez des messages préenregistrés demandant de rester en ligne pour conserver la priorité d'appel, assurez-vous que la musique n'écorche pas les oreilles ni la patience des gens.

Lorsqu'une personne répond directement aux appels –ce qui tient du miracle de nos jours –, assurez-vous qu'elle prononce clairement le nom de votre entreprise. Malheureusement, bien des gens répondent de façon automatique sans se soucier de bien articuler. Si vous voulez savoir comment on répond à vos clients, appelez «incognito» : vous pourriez être surpris de ce que vous entendrez. Après tout, c'est de l'image et de la réputation de votre entreprise qu'il s'agit.

La téléconférence

Voilà une façon pratique de tenir une réunion… à condition qu'elle soit bien planifiée. Dans ce genre de conférence téléphonique, la voix est le seul outil de communication. Pour que le tout se passe bien, il faut respecter certaines règles.

D'abord, le responsable de la réunion doit établir une liste des participants et prendre rendez-vous au préalable avec chacun. Pour fixer l'heure de la réunion, il faut tenir compte des différents réseaux horaires. Afin de permettre aux participants de se préparer, le responsable fait parvenir à l'avance l'ordre du jour à chacun, soit par courriel, soit par télécopie.

Au jour J, dès le début de la téléconférence, l'organisateur demande à chacun de se présenter, puis il lit l'ordre du jour. Ensuite, il ouvre la discussion à tous les participants ou selon l'ordre de prise de parole établi. Chaque fois qu'une personne prend la parole, elle s'identifie et parle clairement sans dévier du sujet. Généralement, il ne faut pas interrompre la personne qui parle ; toutefois, si elle déborde du propos, le responsable peut (et doit) la ramener à l'ordre. Un conseil : lorsque vous désirez prendre la parole au cours d'une téléconférence, choisissez un moment calme pour le faire.

À la toute fin de la réunion, l'organisateur doit faire un résumé de la discussion, ajourner la conférence et remercier les participants. Il est conseillé d'envoyer un mot par courriel dans les jours qui suivent la téléconférence.

Ce mode de communication demeure très pratique pour réunir les gens éloignés à moindres frais. Si vous avez un empêchement, veuillez en informer l'organisateur au préalable. Rien n'est plus désagréable que d'attendre l'arrivée d'une personne qui ne se manifestera pas.

La vidéoconférence

L'utilisation de la vidéoconférence est de plus en plus populaire. Ce mode de communication est pratique, mais il comporte certains défis. Le plus grand problème demeure l'interruption des participants. Il importe aussi de connaître les meilleurs moments pour ajouter vos commentaires lors d'une telle séance.

Lorsque vous êtes en vidéoconférence, n'oubliez pas que les expressions du visage, la voix, le choix des mots et le langage non verbal parlent pour vous. Vos gestes et vos mimiques sont accentués par la caméra. L'exactitude des mots et des propos est encore plus importante que lors d'une rencontre en face à face. Ce n'est pas le temps de sommeiller, d'avoir le regard vague ou toute autre attitude gênante. La vidéoconférence n'est pas un appel téléphonique, c'est beaucoup plus!

Les règles d'étiquette qui ont cours lors des réunions ou des rendez-vous professionnels s'appliquent également lors des séances de vidéoconférence. Regardez la caméra bien en face, évitez les gestes brusques et déplacés, gardez vos mains sur la table, soignez votre posture et soyez enthousiaste.

Les installations électroniques doivent être faites et vérifiées à l'avance de façon à éviter tout délai inutile. Le rendez-vous doit être confirmé 24 heures à l'avance auprès de chaque participant. Il convient aussi de préparer un ordre du jour, de l'envoyer quelques jours à l'avance aux participants et de le suivre lors de la séance. L'organisateur présentera d'abord les participants et leur laissera la chance de donner leur point de vue. Ensuite, il fera un sommaire des propos tenus et des décisions prises, puis il ajournera l'assemblée et remerciera les participants.

L'organisateur de la vidéoconférence doit agir comme modérateur. Son rôle consiste à accorder le droit de parole tout en s'assurant que les participants ne s'éloignent pas de l'ordre du jour. Même les meilleures chaînes de télévision, qui utilisent de plus en plus cet outil de communication, expérimentent des problèmes à l'occasion!

Comme ce mode de communication est assez coûteux, il est important de ne pas dépasser le temps prévu, quitte à ne discuter que des points principaux. Il s'agit là d'une bonne occasion de faire preuve de professionnalisme, d'élégance et d'assurance.

Le télécopieur

Le télécopieur ne remplace pas la correspondance ni le téléphone. Il constitue un «outil de plus» pour transmettre ou recevoir une certaine quantité d'information dans un court délai.

Plusieurs personnes s'offusquent de recevoir des montagnes de télécopies sans leur permission, c'est pourquoi il est préférable d'obtenir au préalable leur consentement avant de procéder aux envois. Si vous voulez vous assurer que la personne à qui vous avez envoyé la télécopie l'a reçue, il est de mise de l'appeler pour vérifier.

Assurez-vous également de transmettre des télécopies de qualité. La grosseur des caractères utilisés doit être d'au moins 12 points. Les caractères plus petits sont difficilement lisibles, tout comme l'écriture au crayon à mine et les encres pâles.

Lorsque vous n'êtes pas au bureau, le télécopieur doit demeurer branché. Vérifiez votre réserve de papier le soir et la fin de semaine.

Lorsque vous publiez un numéro de télécopieur, n'utilisez pas cette ligne à d'autres fins (appels personnels ou Internet). Les gens doivent pouvoir vous envoyer une télécopie facilement. Autrement, cela cause de la frustration inutilement.

Si vous ne voulez pas recevoir de télécopies, de grâce ne publiez pas votre numéro!

La messagerie électronique (courriel, e-mail)

Certaines personnes ont pris l'excellente habitude de vérifier leurs messages une fois l'avant-midi et une autre fois l'après-midi, alors que d'autres ne les lisent qu'une fois par jour. Personnellement, je pense qu'une seule lecture quotidienne ne suffit pas. Pourquoi? Simplement parce que la messagerie électronique est un mode de communication rapide qui nécessite une réponse rapide.

Vous devriez répondre aux courriels dans les quatre heures suivant leur réception. Je vous entends protester que c'est impossible puisque vous en recevez des centaines par jour. Sachez que le fait de ne pas donner suite à un courriel dénote un manque évident de politesse. Si une personne a pris la peine de vous envoyer un message, vous devez prendre la peine d'y répondre. Cela ne signifie pas que vous deviez trouver toutes les réponses dans les heures qui suivent la réception d'un message, loin de là; cela signifie que vous devez accuser réception du message en mentionnant que vous y répondrez dans les plus brefs délais.

Ne faites pas un usage abusif du courrier électronique. Par exemple, n'inondez pas les boîtes de réception de vos collègues de blagues que vous seul trouvez drôles. La plupart du temps, elles circulent dans le réseau Internet depuis une décennie et sont archi-connues! Évitez également de transmettre des animations ou des programmes de toutes sortes. Il va sans dire que la pornographie et le mauvais goût n'ont jamais leur place!

Ne transmettez des pièces jointes que si vous en avez convenu d'avance avec votre correspondant. Il est préférable de transmettre l'information directement dans le corps du message en faisant un copier/coller. Certains systèmes étant incompatibles, cela facilite, dans bien des cas, la lecture des documents. Et puis, de plus en plus d'entreprises n'ouvrent pas les dossiers attachés de peur de recevoir des virus.

La gestion des courriels reçus

Lorsque vous vérifiez vos courriels, vous devez gérer les priorités. Pour ce faire, regardez d'abord le nom de l'expéditeur et le sujet. Puis, divisez ces messages en trois groupes :

– Les urgences (clients, fournisseurs, internes) : traitez-les immédiatement et accusez réception du message sur-le-champ ;

– Les amis : gardez leurs messages pour les pauses ou transférez-les à votre ordinateur personnel ;

– Les pourriels (courriels indésirables) : jetez-les immédiatement à la corbeille sans les ouvrir. Ainsi, vous éviterez bien des virus.

Si vous recevez une centaine de messages par jour et que vous vous donnez la peine de faire ce travail de sélection, vous réaliserez vite que les messages urgents ne sont pas si nombreux que cela.

Vous envoyez un courriel

Un courriel est une conversation plutôt qu'une lettre. Il est donc recommandé d'être précis, clair et bref dans ses propos. Ainsi, allez directement au but et évitez les longueurs.

Les formules d'appel et salutation seront brèves. La signature de votre message indiquera vos coordonnées : nom au complet, titre, nom de l'entreprise, numéros de téléphone et de télécopieur (voir la figure 3). Le caractère utilisé sera le même que celui que vous employez pour le texte, ni plus pâle, ni plus foncé, ni d'une couleur différente. La signature préprogrammée constitue un moyen pratique de communiquer vos coordonnées sans avoir à la réécrire chaque fois.

Autre point : évitez d'écrire un message complet en majuscules. C'est considéré comme impoli, un peu comme si vous insultiez les gens en haussant le ton.

Les petits dessins réalisés avec le clavier, communément appelés binettes, sont réservés aux courriels transmis aux amis ; ils n'ont assurément pas leur place dans les messages d'affaires. N'oubliez pas de vous servir de votre grammaire et de votre dictionnaire lors de la rédaction de vos courriels !

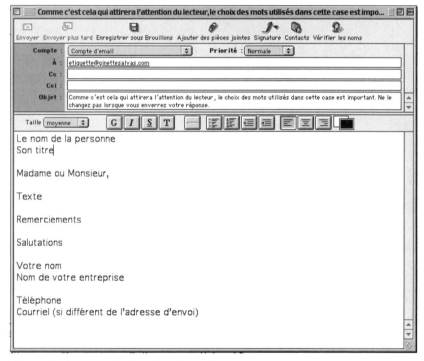

FIGURE 3. Le courriel professionnel

L'adressage

Lorsque vous envoyez un message identique à plusieurs personnes, utilisez la fonction copie conforme invisible (Cci).

Assurez-vous de taper votre propre adresse courriel en premier lieu ; de cette façon, seul votre nom sera visible pour le groupe. En général, les gens qui figurent dans une liste d'adresses n'apprécient pas que leur adresse électronique soit publiée à des inconnus. Cela constitue bien souvent une ouverture pour l'envoi ultérieur de pourriels.

Si, au contraire, vous désirez que le message soit visible par tous les récipiendaires, utilisez la fonction copie conforme (CC).

Surtout, n'oubliez pas que les courriels n'ont rien de confidentiel. N'écrivez pas dans un message électronique ce que vous n'oseriez pas afficher sur le babillard de l'entreprise...

Les courriels internationaux

Les envois de courriels sur le plan international demandent une attention particulière. Voici quelques conseils à cet effet.

Tenez toujours compte du décalage horaire et respectez les habitudes des différentes cultures. Vos messages arriveront peut-être à destination durant la nuit, alors n'attendez pas une réponse aussi rapide. Consultez le calendrier des congés fériés ainsi que celui des vacances annuelles de l'entreprise étrangère. Certaines sociétés arrêtent leurs activités durant un mois pour les vacances estivales ou en d'autres temps de l'année.

Et puis, n'oubliez pas que la technologie n'est pas aussi avancée dans certains pays qu'elle l'est en Amérique : les serveurs sont souvent moins fiables et moins efficaces. Donnez le temps au destinataire de recevoir le message, d'en prendre connaissance et d'y répondre. N'oubliez pas que la bureaucratie est aussi plus lente dans certains pays.

À la suite de votre signature, écrivez votre numéro de téléphone ou de télécopieur complet, incluant l'indicatif du pays, le code régional et le numéro de téléphone. Ajoutez ensuite votre adresse complète, incluant le code postal puis le pays.

Si vous soumettez des montants d'argent, n'oubliez pas de spécifier les devises utilisées. Faites attention à la façon dont vous placez les points et les virgules entre les chiffres.

La hiérarchie dans les moyens de communication

Optez pour l'un ou l'autre de ces moyens selon l'urgence de votre missive :

- Si vous utilisez la poste, attendez-vous à ce que la réponse à votre lettre prenne un peu de temps à cause des délais postaux.

- Si votre message est un peu plus urgent, optez pour le télécopieur ; une télécopie demande une réponse plus rapide qu'une lettre.

- Si votre message est urgent, servez-vous plutôt du téléphone ; il permet une réponse encore plus rapide qu'une lettre ou une télécopie.

- Si votre message est super-urgent, choisissez le courriel, qui demande une réponse immédiate.

La conversation

Lors des rencontres professionnelles, il est bon, à un moment donné, de rompre avec les affaires et les soucis de la journée et de créer une atmosphère détendue. Or, il arrive souvent que cet exercice, pourtant si naturel pour certaines personnes, soit presque un exploit pour d'autres. Pour se sentir à l'aise, il importe d'abord de prendre conscience de ses possibilités et de bien choisir les sujets. L'art de faire la conversation s'apprivoise et se cultive, mais encore faut-il être au courant de ses lacunes.

Certains sujets sont considérés comme tabous depuis des années et ils le seront sans doute toujours; ce sont la religion, la politique, les ethnies, la guerre, le sexe et l'orientation sexuelle. Il faut donc les éviter. Il faut éviter aussi de parler de soi sans arrêt. Lorsque j'ai commencé à m'intéresser à l'art de la conversation et à analyser ma performance, j'ai réalisé que je ne posais pas assez de questions et que je ne complimentais pas les gens. Puis, je me suis mise à les faire parler d'eux, de leurs activités et de leurs intérêts et j'ai appris par mes questions à développer une écoute attentive. Malheureusement, de nos jours, les conversations sont rapides et bâclées. D'ailleurs, les gens d'autres cultures reprochent aux Américains et aux Canadiens de ne pas s'attarder aux conversations légères et détendues avant de passer au vif du sujet. Pourtant, ces «jasettes», lorsqu'elles sont bien dirigées, mènent indéniablement à une connaissance plus approfondie des gens et à de meilleures affaires.

Ces conversations en dehors des affaires vous permettent de créer de nouveaux liens ou d'entretenir vos relations. Dans les deux cas, il importe de trouver des sujets qui intéresseront vos interlocuteurs. Si vous orientez la conversation vers des sujets plaisants, comme les vacances, le cinéma et les derniers films en vogue, les livres récemment sortis, les sports, les tendances, la température, les gens vous trouveront intéressants. Préparez-vous à vos rencontres en lisant les quotidiens ou les magazines. Vous n'avez pas à être un expert dans chacun de ces domaines; le simple fait d'obtenir des commentaires peut engendrer des conversations intéressantes. Le point le plus important consiste à écouter avec intérêt, à sourire, à rire, à être détendu et à participer.

Si vous êtes dans un cercle de personnes et que vous réalisez qu'un autre individu désire se joindre à la conversation, ouvrez le cercle, tournez-vous vers le nouveau venu et invitez-le à se joindre à la conversation. Autre conseil : faites des compliments sincères ou n'en faites pas du tout. Répondez à un compliment par un compliment, sans exagération toutefois. La façon la plus simple d'accepter un compliment est de dire simplement merci. N'oubliez pas d'utiliser les mots magiques que nos éducateurs nous ont montrés : bonjour, bonsoir, s'il vous plaît, de rien, désolé, excusez-moi, au revoir, merci. Croyez-le ou non, ces simples mots sont encore magiques de nos jours.

Enfin, pour clore une conversation, excusez-vous et mentionnez à votre interlocuteur que vous avez apprécié la rencontre.

Chapitre 4

Les formules d'invitation

« La culture : ce qui reste quand on a tout oublié. »
James Hilton

Qui invite qui?

Lorsque l'on prépare une invitation, il faut se poser deux questions : qui invite ? qui est invité ? Voici à ce sujet quelques exemples de formules à utiliser selon les invités et les circonstances.

Une personnalité de marque

Le premier ministre du Québec
(sans son nom)

ou

Le premier ministre du Québec
M. _____
(avec son nom)

Invitation au nom de plusieurs personnes

Le président de l'entreprise...
Monsieur...

et

les membres du conseil d'administration
ont l'honneur de...

Un couple

Lorsque vous invitez un couple, incluez dans la formule d'invitation le nom de chacun au complet.

Quel terme choisir ?

On entend souvent les termes : sous la présidence de, sous le patronage de, sous le haut patronage de, en présence de… Mais quand doit-on les utiliser au juste ? Voici ce qu'il en est :

– Sous le patronage de la présidente de… (l'entreprise), Madame… (cette formule est réservée aux gens qui occupent la fonction de président);

– Sous le haut patronage du premier ministre… (cette formule est réservée aux personnalités publiques de premier rang);

– En présence de Madame… (cette formule est utilisée lorsqu'une personnalité n'a pas pu accepter la présidence, mais accepte l'invitation et le fait d'y être citée).

Carte personnalisée

Une carte peut être personnalisée si vous y faites imprimer une ligne sur laquelle vous écrirez à la main le nom de l'invité. La même carte est qualifiée d'ordinaire si elle est écrite entièrement à la machine.

Les formules d'invitations formelles

On utilise les invitations formelles pour les collectes de fonds, les promotions et les mondanités diverses. L'inscription manuelle du nom de l'invité rehausse la valeur de la sollicitation. Voici quelques exemples de formules formelles :

a l'honneur d'inviter
monsieur ou madame…
à venir à…

ou

a l'honneur d'inviter
monsieur ou madame…
à assister à…

ou

prie
monsieur ou madame…
de lui faire l'honneur de venir à…

ou

prie
monsieur ou madame…
de venir à…

ou

prie monsieur ou madame…
d'assister à…

Les formules d'invitations ordinaires

Pour une invitation moins formelle, on utilisera :

a le plaisir de vous inviter
à venir à…
(ou à assister à…)

Dans de telles invitations, le nom de l'invité n'est pas inscrit sur la carte. On peut ajouter l'une ou l'autre des précisions suivantes :

– Invitation pour deux personnes ;
– Invitation valable pour deux personnes ;

- Admet une personne;
- Non transmissible;
- Cette carte sera demandée à l'entrée.

Les invitations payantes

Pour une invitation payante, on utilisera la formule suivante:

a l'honneur de solliciter
votre présence à…

Les renseignements

Bien sûr, outre les formules d'invitation, la carte doit contenir certains renseignements essentiels.

Le motif de l'invitation

S'agit-il d'une réception? d'un déjeuner? d'un cocktail? d'un lancement?

Le moment

Indiquez clairement le jour, la date et l'heure de l'événement, par exemple: le mercredi 9 février 2004 à 19 h 30.

L'endroit

Inscrivez également, s'il y a lieu, le nom de la salle et de l'hôtel ou celui de la salle de réception, suivi de l'adresse complète. Il sera peut-être utile de joindre des directives pour s'y rendre.

RSVP

Différentes formules peuvent être utilisées :

– RSVP avant le 12 juin 2004 au (000) 000-0000 ;

– RSVP avant le 12 juin 2004
   Téléphone (000) 000-0000.

On peut demander aux personnes qui ne viendront pas de répondre en utilisant cette formule : RSVP en cas d'empêchement.

Veuillez noter que, bien que vous indiquiez un numéro de téléphone, vous n'inscrivez pas le nom de la personne responsable de la réception des réponses. Pourquoi ? La raison est bien simple : d'un point de vue protocolaire, le nom d'un adjoint n'est jamais indiqué sur la carte (près du numéro de téléphone) lorsque l'invitation s'adresse à une personne de haut niveau.

Dorénavant, il est admis d'inscrire une adresse électronique au lieu du numéro de téléphone. Je suggère qu'une adresse dédiée aux réponses soit créée. Cela pourrait être rsvp@_____. De cette façon, les règles du protocole seront sauvegardées.

La tenue vestimentaire

Dans le coin inférieur droit ou gauche, on indiquera la tenue vestimentaire :

• **Tenue de ville** (la plus universelle) : homme : complet de couleur foncée (marine, gris ou noir) ; femme : robe courte ou tailleur ;

• **Smoking** (appelé aussi cravate noire) : homme : veste noire ou marine, revers en soie, accompagnée d'un gilet noir et d'un nœud papillon noir ou bleu ; femme : robe courte, longue ou trois quarts selon la mode. Se porte en soirée seulement. L'expression «cravate noire d'été» signifie que la veste du smoking est blanche et que la cravate est noire. À noter qu'en français, on dit smoking, alors qu'en anglais, on utilise les termes *black tie* ou *tuxedo*;

- **Tenue de cérémonie** (portée le jour, avant 18 heures): homme: queue-de-pie; femme: robe courte, gants et chapeau. Cette tenue est portée lors des mariages, des funérailles, etc.;

- **Tenue de cérémonie** (portée le soir: cravate blanche): homme: tenue de gala ou tenue de soirée; femme: robe longue, gants courts ou gants jusqu'au coude.

Pour éviter les confusions, donnez des précisions:

Tenue de soirée ou tenue de gala (la tenue la plus habillée)
Écrire: cravate blanche

Smoking (tenue habillée)
Écrire: cravate noire

Veston blanc en été
Écrire: cravate noire d'été

Pour les femmes, on ajoute: robe courte, robe longue ou robe trois quarts.

Pour plus de détails sur ces tenues, veuillez consulter la rubrique «S'habiller pour l'occasion», à la page 126;

- **Les chapeaux:** ils sont réservés aux circonstances particulières: funérailles, mariage et cocktail. On le garde lors d'un déjeuner et d'un cocktail, mais on l'enlève lors d'un dîner;

- **Les chaussures:** elles sont assorties aux gants, au sac à main et à la ceinture. Les espadrilles ne remplacent pas les chaussures de ville;

- **Les chaussettes:** la couleur des chaussettes est assortie à la couleur des souliers et des pantalons. Les chaussettes blanches sont à proscrire à tout prix.

Les expressions

Autres renseignements que vous pouvez inclure sur le carton d'invitation :

- Vin d'honneur ;
- Vin et bouchées ;
- Dégustation de vins et fromages ;
- Rafraîchissements ;
- Cocktail ;
- Cocktail dînatoire ;
- Buffet léger.

La figure 4 présente un exemple de carton d'invitation.

Monsieur Michel Latour,

président de Miramar Entreprises,

a l'honneur de vous inviter à un
cocktail dînatoire offert à l'occasion
du lancement d'un nouveau produit.

La réception aura lieu
le jeudi 15 mai 2003 à 18 heures à la

Galerie d'art Richelieu
7903, rue Saint-Denis, à Montréal

RSVP avant le 10 mai	Invitation pour deux personnes
Téléphone : (123) 456-7891	Tenue de ville

FIGURE 4. Le carton d'invitation

Délais d'envoi

S'il s'agit d'une invitation à un repas, il est suggéré que l'invitation soit envoyée de deux à trois semaines avant la date de l'événement, mais préférablement un mois à l'avance.

Pour une réception, un minimum de 10 jours est suggéré, mais il est préférable de faire les envois au moins 14 jours d'avance.

Pour une réception prestigieuse où des invités étrangers seront présents, pour une conférence importante ou un séminaire international, nous suggérons que l'invitation soit envoyée de six à huit mois à l'avance.

Carte-réponse

Selon les circonstances, on peut avoir recours à une carte-réponse qui sera fournie avec son enveloppe-réponse. Dans ce cas, l'invitation aura été envoyée un mois à l'avance pour donner au destinataire le temps d'y répondre, et à la préposée le temps de compiler les réponses. Les réponses devraient être envoyées dans les 48 heures suivant la date de réception de l'invitation.

Le choix du carton et de l'enveloppe

Le style et la grosseur des polices

On utilise souvent une écriture de style script pour ce genre d'invitation ou de carte-réponse. Il faut cependant s'assurer que l'écriture est bien lisible. Certains modèles de polices sont très difficiles à lire.

Le nom des personnes qui invitent sera en caractères gras et plus gros que le reste du texte. Si un haut dignitaire est présent, le caractère utilisé pour son nom sera plus gros et gras. En résumé, il faut déterminer la taille des polices en raison de la hiérarchie.

La couleur du papier

Le bristol blanc cassé ou ivoire demeure le plus utilisé, mais il existe maintenant d'autres types de papiers tout aussi élégants. L'impression sera noire; cependant, si l'invitation provient d'une entreprise reliée aux arts, à la culture ou aux communications, une touche de fantaisie sera ajoutée et les gens ne s'en offusqueront pas. L'invitation s'apparente au style de réception. Souvent, l'ambassadeur d'un pays utilisera le lettrage en or alors qu'un consul choisira l'encre noire. Chaque pays a ses traditions.

Le choix de l'enveloppe

L'enveloppe sera de même qualité et de même couleur que l'invitation et, de préférence, elle sera écrite à la main. Toutefois, l'adressage informatisé dans un caractère script est maintenant accepté.

Le carton d'invitation doit être placé dans l'enveloppe de manière que le destinataire puisse le voir dès qu'il ouvre l'enveloppe. Si vous joignez d'autres feuilles (le trajet, par exemple), placez-les à la suite du carton d'invitation et par ordre d'importance.

La liste des invités

La réussite d'un événement repose en grande partie sur le choix des participants. Établissez d'abord une liste d'invités avant d'écrire vos invitations. Il est suggéré de diversifier les milieux représentés. Ce simple exercice facilitera grandement l'assignation des places lors des événements. Plus les milieux sont diversifiés, plus la conversation est intéressante et animée. Il est prudent de prévoir des remplaçants en cas de refus.

Peut-on se faire remplacer lors d'une invitation à un repas après qu'on a accepté l'invitation? La réponse est non. Pourquoi? Pour des raisons d'organisation, car il est prévu que chaque invité occupera une place en fonction de son rang: un plan a été élaboré à cet effet.

Peut-on se faire remplacer lors d'une invitation à une réception? La réponse est oui. Cependant, il faudra donner le nom de la personne qui vous remplacera.

Chapitre 5

Le protocole

« L'exactitude est la politesse des rois. »
Proverbe

Un peu d'histoire

Ce livre, je l'ai mentionné, vise à vous familiariser avec le protocole. Le simple fait de connaître la signification et l'évolution du protocole à travers les siècles vous permettra d'acquérir des connaissances jusqu'ici réservées aux membres des gouvernements, aux ambassadeurs et aux diplomates.

Le mot «protocole» vient du grec *protokollen* (de *protos:* premier et *kolla:* colle), qui désignait un sceau collé sur un acte notarié pour en confirmer l'authenticité. C'est pour cette raison que, durant plusieurs années, ce terme a été réservé aux formules utilisées dans la correspondance gouvernementale vers les pays étrangers ou dans les documents diplomatiques. En Europe, le mot «protocole» désignait également l'ordre de préséance des ambassadeurs.

Au XVIIIe siècle, les diplomates américains connaissaient les règles de protocole utilisées en Europe, mais plusieurs s'y opposaient. Toutefois, ils commencèrent à s'y intéresser après la Déclaration d'indépendance en 1776. Un comité fut alors mandaté pour concevoir un sceau symbolisant les États-Unis. On adopta ce premier sceau en 1782 et il fut dès lors utilisé dans toutes les rencontres officielles du gouvernement américain.

John Adams, qui succéda à George Washington comme président des États-Unis, affirmait que le protocole manifestait le bon jugement et la considération envers les autres. Toutefois, lors de sa visite à la cour du roi George III, pensant posséder tous les rudiments du protocole, Adams effectua trois révérences devant le roi. La coutume établie dans les cours du nord de l'Europe exigeait, en effet, que l'on fasse trois révérences devant les rois. Adams fit donc une première révérence à l'entrée, une autre à mi-chemin et la dernière devant le roi. Cette gaffe le motiva à apporter des changements importants aux règles protocolaires de l'époque. Il écrivit donc un livre intitulé *Les règles de l'étiquette*, qui fut publié en 1803.

Le président Jefferson introduisit d'autres changements aux règles de l'étiquette. Ces règles furent modifiées par son successeur, le président James Madison, qui décora la Maison-Blanche où il donna des dîners fastueux. Les présidents suivants apportèrent également de légères modifications et imprimèrent leur marque à la Maison-Blanche : James Monroe, John Quincy Adams, Zachary Taylor, Franklin Pierce, Abraham Lincoln, Andrew Johnson, Ulysses S. Grant, Rutheford B. Hayes, James Garfield, William Howard Taft, Calvin Coolidge, Herbert Hoover, Franklin D. Roosevelt, Harry S. Truman.

Plus près de nous, le président Eisenhower fut reconnu pour ses réceptions avec les chefs d'États étrangers. Puis, Jacqueline Bouvier-Kennedy, alors l'épouse du président John F. Kennedy, révolutionna non seulement l'univers de la mode, mais également les réceptions données à la Maison-Blanche. Bien que plusieurs Américains fussent choqués par sa façon de dépenser les fonds publics, ils adoraient cette femme d'origine française qui leur apportait les vraies règles d'étiquette et de protocole, telles qu'on les observait en Europe. Elle fut la première « première dame » américaine à voyager sur tous les continents et à donner une nouvelle image de la société américaine.

Ensuite, il y eut les présidents Lyndon B. Johnson et Richard Nixon, qui continuèrent la tradition des réceptions diplomatiques. Mais c'est sous la présidence de Gerald Ford que Shirley Temple-Black devint la première femme à occuper la fonction de chef du protocole. Suivirent les présidents Jimmy Carter,

Ronald Reagan, George Bush, Bill Clinton et George W. Bush. Dans tous ces cas, il est amusant de constater que les premières dames ont joué un rôle primordial dans l'évolution des règles du protocole.

Dans toutes les sociétés et tous les gouvernements, il importe d'établir des contacts avec l'étranger d'une façon qui soit acceptée internationalement. C'est précisément le rôle du protocole. Le protocole, c'est également, comme nous l'avons mentionné antérieurement, l'ordre de préséance utilisé dans les réceptions officielles. Ces mêmes règles s'appliquent lors des banquets ou des réceptions privées organisés par toute société.

Mais qui précède qui? Au Congrès de Vienne en 1815, il fut décidé que la préséance serait déterminée en fonction des titres diplomatiques en tenant compte de l'ordre chronologique des nominations. Par exemple,

- un ambassadeur nommé en mars devance un ambassadeur nommé en juin de la même année;

- les sénateurs sont placés en fonction de leur ancienneté. Si plusieurs personnes sont en service depuis la même date, on les placera par ordre alphabétique.

Le président peut cependant modifier les règles.

Parmi les entorses les plus célèbres aux règles du protocole, notons celles-ci :

- Benjamin Franklin s'est présenté à la cour de Louis XVI sans l'habit officiel ni la perruque, ce qui a provoqué tout un remous;

- Le président Reagan a éclaboussé son smoking en renversant son gâteau d'anniversaire, à la grande joie des journalistes et au grand désespoir de son épouse Nancy;

- George Bush père s'est permis de s'asseoir, lors d'une réception officielle, alors que la reine Elizabeth était encore debout;

- Lors d'une visite officielle en Arabie Saoudite, la princesse Diana s'est présentée la tête découverte et vêtue d'une minijupe;

- Lors d'une visite officielle aux États-Unis, la reine Elizabeth s'est adressée à son auditoire alors que le lutrin derrière lequel elle se trouvait est trop haut pour elle. Grave erreur du chef du protocole qui avait oublié ce détail. L'image a fait le tour de la planète. Les médias ont ridiculisé l'événement en le qualifiant de «chapeau parlant»;

- Le premier ministre Jean Chrétien a alimenté pendant quelques semaines les gorges chaudes des médias avec certains propos tenus lors d'un voyage en Israël témoignant d'une méconnaissance de la réalité du Proche-Orient;

- Le président du Mexique, Vicente Fox, n'a pas semblé s'embarrasser des règles protocolaires lors de sa récente visite au Canada. Il s'est emparé des mains de la gouverneure générale, Adrienne Clarkson, sur lesquelles il a déposé un chaste baiser. Il a ensuite fait la bise à Aline Chrétien, l'épouse du premier ministre. Ces deux gestes ne font pas partie des règles protocolaires, il va sans dire;

- On se souvient également de l'homme d'affaires québécois Louis Garneau qui a touché les épaules de la reine lors de sa récente visite au Canada. Ce geste, pris en photo, a fait la manchette des quotidiens britanniques et canadiens. Les Britanniques en furent insultés, alors que les Canadiens n'y ont pas attaché tellement d'importance.

Aujourd'hui, en politique ou dans la vie professionnelle de tous les jours, on s'efforce d'appliquer les règles de bonne conduite et les bonnes manières afin de ne pas embarrasser les gens. Sur le plan pratique, le protocole recouvre un domaine plus vaste, allant de l'organisation des banquets à celle des réunions, des colloques et des congrès.

Les réunions au bureau

Au cours des deux dernières décennies, le monde des affaires a subi de profonds bouleversements. Voici donc quelques principes clés à garder en mémoire lorsqu'on veut se tailler une place de choix dans le merveilleux monde des affaires.

On convoque des réunions au bureau pour toutes sortes de raisons mais, souvent, leur organisation n'est pas aussi bien planifiée que les rencontres qui ont lieu à l'extérieur du lieu de travail. C'est une erreur.

L'organisateur de la réunion doit prendre en considération que les résultats seront beaucoup plus constructifs si la rencontre a lieu le matin, alors que les gens sont reposés. Les mardis, mercredis et jeudis sont les meilleures journées pour tenir des réunions d'affaires. Il importe d'annoncer la réunion à l'avance, surtout si certains participants demeurent à l'extérieur de la ville.

L'organisateur doit préparer un ordre du jour et les documents nécessaires; dans la mesure du possible, il doit les distribuer d'avance aux participants. Il doit également s'assurer qu'un préposé à l'accueil recevra les gens de l'extérieur.

L'accueil des participants de l'extérieur

- À l'aéroport : si vous attendez des visiteurs étrangers, ayez la courtoisie de les attendre à l'aéroport, surtout s'il s'agit d'un premier voyage. Accueillez-les vous-même ou désignez une personne représentative de l'image de votre entreprise. Assurez-vous que la voiture est impeccable et que le préposé à l'accueil dispose d'un moyen de s'identifier. Si la façon de s'identifier est une pancarte portant le logo et le nom de l'entreprise, assurez-vous qu'elle est propre. Si vous optez pour une pancarte avec le nom du visiteur, assurez-vous que le nom est correctement écrit, à l'ordinateur, avec le prénom et le nom de famille ; évitez les diminutifs. Offrez au visiteur d'aller à l'hôtel pour qu'il puisse procéder immédiatement à son inscription et se libérer des bagages. La même courtoisie s'applique lors du départ.

- **Au bureau :** si des gens de l'extérieur sont invités à participer à une réunion à l'interne, il faut les traiter avec beaucoup de courtoisie. La personne qui les accueille au bureau s'occupera de les diriger vers le vestiaire et de les aider à se débarrasser de leur manteau, de leur parapluie et de leurs caoutchoucs. Ensuite, on les conduira à la salle de réunion et on les présentera aux personnes déjà en place si la réunion n'est pas encore commencée. On leur assignera leur place ou encore on leur mentionnera qu'ils peuvent s'asseoir où ils le désirent.

Le lunch

Si vous recevez des invités de l'extérieur au lunch du midi, assurez-vous de ne pas les recevoir dans la cafétéria de l'entreprise. Comme vous n'avez pas le contrôle des conversations qui s'y tiennent, vous pourriez le regretter. Faites plutôt préparer un lunch et servez-le dans une salle, par exemple la salle de réunion.

Si vous faites affaire avec un traiteur, assurez-vous de la qualité de son service et de sa promptitude. Si vous avez planifié le lunch pour 12 h 30 et que le traiteur arrive en retard, ce délai nuira à l'image de votre entreprise.

Appelez différents traiteurs et demandez leur menu d'affaires du midi ; ensuite, comparez les prix et les choix offerts.

Ou, mieux encore, faites une recherche dans Internet et imprimez leur menu. Faites toujours un suivi avec les participants de votre entreprise concernant leur appréciation du repas. De cette façon, vous serez en mesure d'éliminer les traiteurs qui ont reçu des critiques. Une fois que vous aurez trouvé le traiteur qui vous convient, faites affaire avec lui sur une base régulière et entretenez de bons liens.

Les devoirs de l'hôte

Le président d'assemblée (l'hôte) doit présenter les nouveaux venus, puis les membres du groupe en nommant le nom complet, le titre et les responsabilités de chacun. Il s'assure également du bon déroulement de la réunion et il ramène les gens qui s'éloignent des sujets à l'ordre du jour. Il permet aussi à chacun de s'exprimer librement.

Il doit fournir une salle de réunion adéquatement éclairée, des sièges confortables et des tables bien disposées. Il verra à ce que les participants aient de l'eau fraîche, des verres et des serviettes. On peut y ajouter du café, des jus et des bouchées. Il est recommandé d'utiliser des assiettes en porcelaine et d'éviter les ustensiles, les assiettes et les verres jetables. Cela se comprend : reçoit-on ses invités à la maison avec des ustensiles et des assiettes jetables ? Parfois peut-être, mais pour un pique-nique ou un barbecue ! En affaires, la tradition veut que l'on traite ses invités d'une façon professionnelle ; en famille, c'est différent.

Après la réunion, le président d'assemblée remercie les participants ; se joint à lui un préposé au départ, qui accompagne les gens de l'extérieur vers le vestiaire et la sortie ou les dirige vers les bonnes personnes en cas de besoin. Nous savons tous qu'après une réunion, les visiteurs profitent de leur passage pour régler certains détails avec les employés de l'entreprise. Les participants qui sont à l'interne ne doivent donc pas se précipiter vers leur bureau tant que les visiteurs de l'extérieur n'ont pas quitté définitivement les lieux.

Les devoirs des participants

Voici en vrac quelques conseils lorsque vous participez à une réunion :

- Avant la réunion, révisez l'ordre du jour ;

- Rassemblez à l'avance les documents dont vous aurez besoin afin d'éviter les retards ;

- Respectez l'heure inscrite à l'agenda ;

- Lorsque vous entrez dans la salle de réunion, présentez-vous aux gens que vous ne connaissez pas et donnez la main aux participants déjà sur place, si la réunion n'est pas commencée ;

- Si l'on ne vous a pas assigné de place, choisissez-en une sans vous accaparer de l'espace réservé à l'organisateur de la réunion et aux personnes qui l'accompagnent ;

- Ne vous assoyez pas près du président d'assemblée à moins d'y être invité, les sièges à sa droite et à sa gauche étant réservés aux cadres supérieurs ou aux invités d'honneur ;

- Soignez vos gestes et votre langage ;

- Soyez attentif ;

- Si vous voulez prendre la parole, levez la main (c'est le président d'assemblée qui accorde la parole). Lorsque vous parlez, concentrez-vous et articulez. Parlez assez fort pour que l'assistance vous entende bien ;

- Si vous devez partir avant la fin de la réunion, informez l'organisateur de la réunion ;

- Maîtrisez vos émotions même si vous êtes en désaccord avec les opinions exprimées;
- Remerciez le président d'assemblée ainsi que ceux qui se sont adressés à l'assemblée;
- Ne mâchez pas de gomme, ne fumez pas, n'utilisez pas votre cellulaire pour téléphoner ou pour lire vos courriels ou en envoyer;
- Ne monopolisez pas le téléphone de la salle de réunion ni celui de l'aire de réception.

L'assignation des places : à l'anglaise

Cette façon de faire est dite *à l'anglaise* (voir la figure 5) parce que l'hôte ou les hôtes occupent les extrémités d'une table rectangulaire. Voici l'assignation des places proposée pour une réunion ayant 10 participants, sans compter les invités d'honneur et le président.

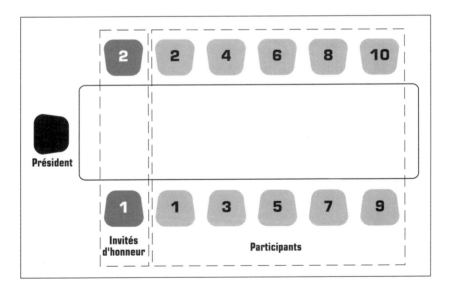

FIGURE 5. La table à l'anglaise

Le président d'assemblée occupe l'une des extrémités, alors que les invités d'honneur sont placés de chaque côté de lui (la place de droite va à l'invité n° 1, car c'est la meilleure place). Les participants, eux, occupent les places en fonction de leur hiérarchie ou de leur importance. À la droite du président, on placera les participants 1, 3, 5, 7 et 9 et à la gauche, les participants 2, 4, 6, 8 et 10. Prenez en considération que les places vers l'autre extrémité de la table sont considérées comme les moins importantes.

Certaines personnes, lorsqu'elles rencontrent des clients, préfèrent asseoir les représentants d'une même entreprise d'un même côté et réserver l'autre côté pour les clients ou les participants extérieurs. La raison invoquée est que le contact des yeux est beaucoup plus facile. Personnellement, je trouve cette façon de faire quelque peu menaçante; elle peut être perçue négativement par les visiteurs. Que penseront vos clients? Est-ce votre but de les intimider? Si vous tenez à ce que cette méthode soit moins menaçante, ne faites asseoir personne devant le président d'assemblée. De cette façon, il devra regarder les participants assis en face de lui à sa gauche et à sa droite; lorsqu'une personne est assise en face de nous, elle est directement dans notre champ de vision au détriment des autres personnes qui l'entourent.

Certaines entreprises préfèrent faire asseoir le client à l'extrémité opposée de la table. Il faut se rappeler que les extrémités de la table sont considérées comme les moins bons choix. Que pensera votre client s'il connaît les règles de l'étiquette? Sera-t-il impressionné par votre façon de faire?

L'assignation des places : à la française

Cette assignation est dite *à la française* (voir la figure 6) parce que l'hôte occupe le centre de la table plutôt que l'extrémité.

L'invité d'honneur est placé à la droite du président d'assemblée. La deuxième personne en hiérarchie est à sa gauche, alors que la troisième est à la droite de l'invité d'honneur. La quatrième personne en hiérarchie est placée à la gauche du deuxième invité, et ainsi de suite pour les places de l'autre côté de la table soit : 5, 6, 7 et 8.

Vous remarquerez qu'en face du patron, il y a un X. Cela signifie que personne n'occupe cette place ; on veut ainsi éviter qu'un individu attire l'attention du président au détriment des autres participants. Je le répète, toute personne qui serait assise en face du patron serait directement dans son champ de vision et bénéficierait de ce fait d'une attention particulière.

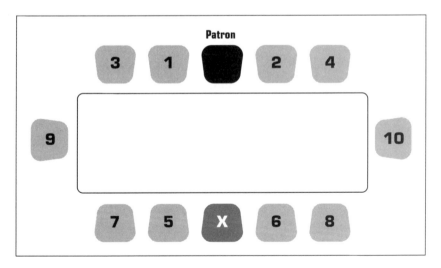

FIGURE 6. La table à la française

Les retardataires

Si une personne arrive en retard, le préposé à l'accueil la fera entrer dans la salle de réunion et lui assignera une place vers l'arrière ou l'extrémité de la table (les places moins prestigieuses) non pas pour la punir, mais pour ne pas déranger l'assemblée. Les excuses et les motifs du retard n'ont pas leur place. Le retardataire s'assoit discrètement en évitant de déranger les participants.

Départ avant la fin de la réunion

Si une personne doit partir avant la fin de la réunion, elle doit en informer au préalable le responsable de la réunion ou le président d'assemblée. La personne n'a pas à donner les motifs de son départ à l'assemblée. Elle se lève et quitte discrètement.

L'organisation de la salle à manger de l'entreprise

La salle à manger d'une entreprise doit être propre et bien décorée. Même si vous utilisez la salle de conférence, assurez-vous d'avoir une nappe impeccable de couleur blanc cassé ainsi que des serviettes de table en tissu, de la porcelaine blanche, du cristal et de l'argenterie de qualité supérieure. Certaines entreprises aiment voir le logo de leur entreprise gravé ou peint sur la porcelaine. Ayez des vases en cristal pour y déposer des fleurs fraîches. Si la table est trop grande pour qu'on puisse utiliser une nappe, servez-vous de napperons assez grands. Ne déposez jamais les couverts directement sur la table.

Le plus grand avantage de recevoir au bureau est que l'endroit est plus intime comparativement au restaurant et que vous pouvez contrôler le temps alloué à la pause repas.

Conseils généraux lors des réunions au bureau

- Ne buvez jamais plus d'un verre avant le repas.

- Un invité attendra le signal pour s'asseoir. L'hôte indiquera à chacun le siège où il devra s'asseoir.

- L'invité d'honneur prendra place à la droite de l'hôte et les autres convives en fonction de leur rang.

- Le but d'un repas au bureau est la rapidité (une heure et demie ou moins est allouée).

- On ne fume plus dans les bureaux.

- L'endroit où l'on reçoit est calme et paisible.

Le protocole des colloques et des congrès

Le choix du lieu

Les colloques ou les congrès annuels se tiennent généralement dans des salles de congrès ou des hôtels de prestige, soit dans les grandes villes, soit dans des endroits plus éloignés. Toutefois, les grandes entreprises misent de plus en plus sur des lieux plus intimes et plus chaleureux pour tenir de telles réunions.

Avant d'arrêter votre choix sur un établissement, visitez-le incognito, séjournez-y une nuit ou encore allez prendre un repas afin de vérifier sur place l'efficacité du service et la qualité de la nourriture. Vous éviterez ainsi des surprises coûteuses et désagréables. Un choix judicieux montrera que vous avez de la classe et que le confort de vos invités vous tient à cœur. La réussite sera d'autant plus grande que le personnel, de la direction aux préposés aux bagages, sera professionnel, courtois et prévenant.

L'accueil

La coordination d'événements exige beaucoup de minutie. Ce sont les petits détails qui vous distingueront des autres. Imaginez la réaction de vos invités qui, après avoir conduit pendant plus de deux heures sous une pluie diluvienne après une journée mouvementée, se retrouveraient face à des préposés à l'accueil assis et en grande conversation entre eux! Voilà la première impression que les gens auraient de votre entreprise et elle serait, dans bien des cas, déterminante. Est-ce ce que vous désirez?

L'accueil, fréquemment considéré comme une préoccupation secondaire, est trop souvent confié à des gens inexpérimentés. Or, les préposés à l'accueil sont des personnes importantes; ils doivent bien comprendre leur rôle et aimer avant tout le contact avec le public. L'amabilité, la discrétion et la diplomatie sont donc des qualités indispensables à cette fonction. Évidemment, leur présentation doit être impeccable de la tête aux pieds. Les préposés à l'accueil sont des ambassadeurs de l'image de votre entreprise. Quelle image désirez-vous projeter?

Le choix des conférenciers

Le choix des conférenciers et des animateurs est primordial, car leur qualité rejaillit également sur l'image de votre entreprise. Accordez-leur une attention particulière.

Avant de communiquer avec un conférencier, souvenez-vous que plus il est connu, plus son cachet est élevé. Les conférenciers sont rémunérés pour leurs connaissances, leur charisme et, bien souvent, pour leur sens de l'humour. On ne s'improvise pas conférencier : cela nécessite des années de recherche et d'expérience vécue.

Lorsque vous rencontrez un conférencier dans le but de savoir ce qu'il a à offrir, spécifiez vos attentes et vos moyens mais, surtout, soyez préparé. Pour ce faire, posez-vous ces questions avant la rencontre :

- Quel est le but de la conférence ?
- Quels messages désirez-vous laisser aux participants ?
- De quel budget disposez-vous ?
- Combien de participants attendez-vous (nombre d'hommes et de femmes) ?
- Quelle est la profession des participants ?
- Quelle est leur moyenne d'âge ?
- Quel est leur salaire moyen ?
- Quelle sera la durée de la conférence ?
- Y aura-t-il une période de questions ?
- Prévoyez-vous une pause durant la conférence ?
- Désirez-vous qu'un résumé de la conférence soit remis aux participants ?
- Accordez-vous au conférencier la permission de vendre ses livres ou ses cassettes ?
- Quels sont ses besoins en matière d'audiovisuel ?

Une fois que votre choix est arrêté, demandez à votre conférencier une courte biographie afin de pouvoir le présenter adéquatement.

Si la conférence se déroule en avant-midi et que le trajet du conférencier nécessite plus d'une heure de route, offrez-lui une chambre d'hôtel la veille de l'événement. Joignez une note de bienvenue au dossier d'information contenant l'horaire des activités. Assurez-vous que ce dossier est déposé dans sa chambre avant son arrivée. Si la conférence a lieu durant la soirée, la même règle de politesse s'applique. Si le conférencier arrive par avion, désignez quelqu'un pour l'accueillir à l'aéroport et l'y reconduire ; il s'agit là d'une simple marque de savoir-vivre. Si la conférence se termine vers midi ou débute vers 13 h 30, ayez la délicatesse de l'inviter à se joindre à vous pour le repas du midi.

Les dirigeants d'entreprises demandent aux conférenciers de se déplacer, de les rencontrer, d'élaborer un programme et d'envoyer une soumission. Lorsque vous demandez à un conférencier de vous soumettre un prix, même si vous décidez de ne pas retenir ses services, il est de mise de l'informer de votre décision, par lettre, par téléphone ou par courriel. C'est une autre marque de savoir-vivre. Si vous optez pour le téléphone, appelez-le vous-même ; ne demandez pas à une tierce personne de le faire à votre place.

La présentation du conférencier

La personne chargée de la présentation devra avoir un curriculum vitæ récent du conférencier faisant état de ses études, de son expérience et de ses réalisations. La présentation sera brève.

Après la conférence, elle se chargera de remercier officiellement le conférencier pour sa contribution au succès du congrès ou du colloque. Dans la semaine qui suit, le coordonnateur de l'événement lui enverra une lettre officielle de remerciement, qui pourra lui servir de lettre de référence.

Autres conseils

La réussite d'un tel événement repose sur plusieurs facteurs. En plus du choix de l'hôtel, des conférenciers et des invités, de la qualité de l'accueil, voici d'autres aspects importants que vous devrez considérer :

- Le choix des salles, la disposition des tables et le degré de la température ambiante ;

- L'assignation des places. Trop souvent, ce détail est laissé à la discrétion de personnes qui ne s'y connaissent pas en protocole ;

- Des petites attentions particulières envers les invités : chocolats, fleurs ou cadeaux laissés dans les chambres ;

- Le dossier d'information contenant l'horaire des activités. Si les conjoints assistent à la rencontre, on ajoutera l'horaire des activités spécialement prévues pour eux ;

- Les cartes d'identité avec le nom complet de l'invité, son titre professionnel ou le nom de son entreprise et celui de la ville où est située son entreprise ;

- En plus des préposés à l'accueil, il est souhaitable d'avoir des préposés au départ afin de s'assurer que tout s'est bien déroulé et que les invités partent satisfaits. Il ne faut pas oublier que la dernière impression est toute aussi importante que la première ;

- Le protocole des affaires s'applique à l'organisation des soirées, des galas, des banquets, des séminaires, des conférences et des colloques. Il concerne tout individu à l'emploi d'une entreprise, car l'image de cette dernière dépend tant des bonnes manières que de la compétence des employés.

Si vous ne disposez pas du personnel nécessaire pour voir à tous les détails inhérents à la préparation de ce type d'événement, pourquoi ne pas confier le mandat à un spécialiste ?

Il existe, en effet, des entreprises spécialisées dans la planification de réunions, de colloques et de congrès. Vous n'avez qu'à établir clairement vos besoins et à leur confier le mandat en fonction de votre budget et elles s'occuperont de coordonner le tout et de négocier pour vous.

L'avantage de faire affaire avec ces spécialistes est qu'ils vous feront bénéficier d'idées nouvelles et de concepts originaux qui peuvent faire de vos rencontres des événements mémorables. Plusieurs entreprises d'envergure utilisent régulièrement les services d'un planificateur d'événements spéciaux et les résultats sont concluants.

Un événement spécial

Le moment

Les événements spéciaux favorisent la communication et les relations d'affaires; il s'agit donc de déterminer si ce niveau de communication est nécessaire. Il convient aussi de s'interroger sur le message à diffuser. Se prête-t-il à l'événement choisi? D'autres questions se posent également:

- Quel est l'auditoire visé?

- L'événement suscitera-t-il l'attention des médias?

- Qui seront les participants vedettes?

- Le thème ou l'objet de l'événement est-il clair?

- Un autre événement pourrait-il éclipser votre événement?

La manière

Il importe de composer un comité pouvant s'acquitter des responsabilités suivantes :

– discuter des arrangements préliminaires ;

– s'assurer que toutes les personnes susceptibles d'apporter leur contribution sont invitées ;

– élaborer les grandes lignes des préparatifs.

Le comité confie des tâches précises à chacun de ses membres et fixe un échéancier de travail en prenant en considération le temps requis pour la traduction des documents, l'impression et l'envoi postal. Il doit également s'assurer de respecter les limites du budget. Le comité doit veiller à ce qu'aucun invité ou membre des médias ne soit oublié. La personne responsable du comité coordonne le tout.

La liste de contrôle (aide-mémoire)

La liste suivante peut être utilisée pour tout genre d'événement particulier.

Qui? Quand? Où?

– Qui sera l'hôte? le maître de cérémonie? le président d'assemblée?

– Qui sera invité?

– Quand se tiendra l'événement?

– Où se tiendra l'événement?

Préparation des textes

- Textes diffusés à l'avance
- Invitations, exposés, discours, affiches, publicité, enseignes, matériel publicitaire, photos
- Dossier de presse (conception, rédaction, traduction, impression, documentation)

Équipement et main-d'œuvre

- Équipement photographique et photographes
- Équipement audiovisuel et technicien
- Équipement électronique et technicien
- Traduction simultanée et interprète
- Sécurité et agent
- Transport des invités
- Guides
- Préposés à l'accueil et au départ
- Coordonnateur de l'événement

Invitations

- Invitations aux personnalités politiques, religieuses, publiques
- Invitations aux médias
- Invitations générales

Disposition des lieux

- Drapeaux
- Sièges pour les personnalités et les invités
- Table d'honneur, dimensions, emplacement, estrade, lutrin
- Goûter et boissons
- Ornement floral

Accueil

- Accueil des invités d'honneur
- Salon des invités d'honneur
- Inscription des journalistes
- Remise des dossiers de presse
- Salle de presse
- Inscription des invités
- Remise des documents imprimés

Déroulement de l'événement

- Hymne national
- Présentations
- Prise de parole
- Remise des cadeaux

Départ

Remerciements

La prise de parole

Les salutations

On nommera les personnes les plus importantes en premier lieu en terminant par les membres de l'assemblée («Messieurs et Mesdames»). Si on s'adresse à un ministre, on donnera son titre seulement, sans son nom. Les personnalités publiques sont connues, il est donc inutile de mentionner leurs noms. Si on s'adresse à différentes personnes d'une même organisation, on généralisera en disant: «Mesdames et Messieurs, membres de l'organisation XYZ.» On présentera l'hôte ou l'invité d'honneur en mentionnant son nom et son titre.

On remercie de leur présence les invités «sans qui cette réunion n'aurait pas eu lieu».

Le déroulement

- **Le début:** l'entrée en matière est un rappel de la raison de l'invitation et du message qui y sera véhiculé. On rappelle donc les motifs de cette convocation.

- **La reconnaissance:** il est d'usage de saluer la contribution des personnes à l'organisation de l'événement. Il faut cependant avoir tous les noms et veiller à n'oublier personne, car cela pourrait s'avérer désastreux.

- **Le cœur du sujet:** l'orateur livre son discours ou son allocution.

- **La conclusion:** on termine sur une note positive; souvent, on ajoute à cela un toast.

- **Le toast:** il est porté à un invité d'honneur, à la réussite d'une activité, à un comité, à un projet. Il est court et bien préparé. L'hôte de l'événement porte le premier toast à l'invité d'honneur, puis les invités se joignent à lui et l'invité d'honneur répond: on ne boit pas lorsqu'un toast est donné en notre honneur, on le reçoit tout simplement. Si d'autres toasts suivent, les gens doivent en être informés à l'avance, car il ne faut laisser aucune place à l'improvisation.

La préséance dans la prise de parole

Ici aussi, la hiérarchie joue un rôle. Toutefois, on peut adopter différentes façons de faire:

- L'hôte, qui est la personne qui invite, prend d'abord la parole. L'orateur invité prend ensuite la parole et répond à l'invitation;

Ou

– La personne dont le rang est le moins élevé prend d'abord la parole et la personne dont le rang est le plus élevé termine.

Un maître de cérémonie ouvre et ferme les discours tout en faisant respecter le silence de l'assemblée.

La prise de parole a lieu en général au début de l'événement, car le déroulement de l'activité y sera annoncé.

L'entreprise délègue une seule personne; c'est normalement l'hôte qui agit comme porte-parole. Si plusieurs personnes d'une même entreprise s'adressent aux invités, le message risque d'être dilué.

Se diriger vers une tribune

À une table d'honneur, on installe l'hôte au centre de la table. La deuxième personne en importance est assise à sa droite et la troisième personne, à sa gauche (voir la figure 7).

L'ordre à suivre pour le cortège qui se dirige vers une tribune d'honneur pour un repas va comme suit: on place les invités de prestige dans l'ordre où ils s'assoiront avec en tête

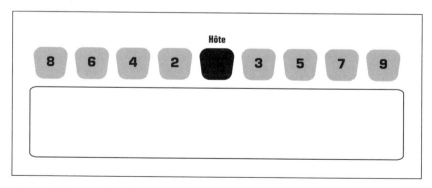

FIGURE 7. La table d'honneur

le numéro 9 et en dernier lieu le numéro 8. De cette façon, les invités n'ont pas à chercher leur place.

Il existe une autre possibilité : même si l'hôte n'est pas assis au centre, il importe de suivre l'ordre hiérarchique. L'hôte est le numéro 1 suivi du 2e en importance, du 3e, du 4e, du 5e, du 6e, du 7e, du 8e et du 9e. Les gens entreront dans la salle dans cet ordre.

Il importe donc de décider l'ordre à suivre avant l'événement.

Chapitre 6

Les réceptions d'affaires

« Je croyais que le monde m'appartenait,
mais j'ai utilisé la mauvaise fourchette. »
Oscar Wilde

Les réceptions d'affaires ou l'art de séduire ses invités

Un grand malaise existe toujours chez nos contemporains en ce qui concerne les réceptions. Pourtant, beaucoup d'affaires se brassent au restaurant ou lors de rencontres sociales. Bien qu'on y dépense des sommes importantes, bien peu de gens savent comment agir lorsque vient le temps de recevoir leurs collègues, leurs clients ou leurs amis au restaurant.

Or, les entreprises recherchent de plus en plus la présence d'employés ou d'associés qui ont de la classe. D'ailleurs, une méthode relativement efficace de sélection des cadres consiste à prendre une décision finale sur les aptitudes d'un candidat seulement après avoir pris un repas au restaurant en sa présence. Ce mode de sélection s'est répandu très rapidement aux États-Unis et devient de plus en plus courant chez nous. Inutile d'insister sur le fait que toute personne d'affaires avertie doit se sentir aussi à l'aise devant un éventail d'ustensiles que devant ses dossiers.

Si recevoir est un art, être reçu en est également un. Cela nécessite de la planification et de la considération envers ses hôtes et ses invités. Une rencontre d'affaires ou sociale autour d'une bonne table resserre indéniablement les liens avec les collègues, les clients et les clients potentiels. Dans bien des cas, cela influence les prises de décisions lors des négociations, surtout en raison de l'impression créée (bonne ou mauvaise) par le choix de l'endroit, l'ambiance, l'efficacité du personnel, la qualité du menu et, bien sûr, tous les petits détails qui entourent une bonne table.

Que ce soit lors du petit-déjeuner, du déjeuner, du thé de 16 heures ou du dîner, le but d'une telle rencontre est de mieux connaître ses invités dans un climat de détente, de créer ou d'entretenir des liens avec ses clients et ses amis.

Voyons comment la connaissance et l'utilisation des bonnes manières peuvent contribuer à une gestion plus efficace de votre entreprise.

Le petit-déjeuner

Une façon de plus en plus populaire de commencer la journée du bon pied consiste à convoquer une rencontre au petit-déjeuner. C'est l'occasion idéale pour réunir une, deux ou trois personnes et c'est plus économique que le déjeuner.

Prévoyez de 45 minutes à une heure pour ce type de réunion. Évitez les endroits bruyants et la restauration rapide (*fast-food*) ; optez plutôt pour les salles à manger d'hôtel ou les endroits tranquilles.

Si des visiteurs étrangers doivent se joindre à vous, prenez en considération que, dans certains pays, le petit-déjeuner ne fait pas partie de la coutume des affaires. Il s'agit d'une tradition très nord-américaine. Il convient de vous informer sur les traditions du pays de vos invités.

Le déjeuner au bureau

Si vous disposez d'une salle de conférence, recevoir pour le lunch à votre bureau demeure une façon efficace de discuter affaires tout en cassant la croûte. Prévoyez une heure et demie environ.

Faites préparer à l'avance des jus, des sandwichs, des plats de fruits et de crudités, du thé ou du café. Assurez-vous d'avoir suffisamment d'eau. Si vous désirez recevoir un ou deux clients dans votre bureau et que vous avez l'espace nécessaire, pourquoi ne pas faire appel à un traiteur et tout planifier à l'avance? Ainsi, vous n'aurez qu'à vous détendre tout en remplissant vos devoirs d'hôte avisé.

Profitez du moment du dessert et du café pour présenter la cassette vidéo promotionnelle de vos produits ou de vos services.

Si vous recevez des visiteurs étrangers, prenez en considération leurs restrictions alimentaires et informez-vous pour savoir si le repas du midi est pour eux un repas léger ou copieux ; cela varie d'un pays à l'autre.

Le déjeuner au restaurant

Les rencontres au restaurant demeurent les plus populaires. Cependant, vous devez disposer de plus de temps : prévoyez jusqu'à deux heures. Faites les réservations à l'avance afin d'éviter les mauvaises surprises.

Le choix du restaurant

Un déjeuner d'affaires (repas du midi) doit être planifié dans ses moindres détails. Souvent, on me demande : « Qui choisit le restaurant, mon invité ou moi ? » Le choix de l'endroit appartient à la personne qui invite parce qu'elle connaît déjà l'endroit et… le montant de son budget! Ce n'est donc pas à l'invité de suggérer un endroit en particulier ; d'ailleurs, cela dénoterait un manque flagrant de savoir-vivre. Je suis quand même surprise de constater que cela se fait régulièrement.

Les gens qui invitent pensent que c'est plus poli de laisser choisir l'invité, mais ce n'est pas le cas.

Je vous conseille d'adopter deux ou trois endroits que vous fréquenterez régulièrement, situés dans différents secteurs et où l'on offre un menu varié. Si vous ne connaissez pas encore de bons restaurants, commencez vos recherches dès maintenant. Établissez une bonne relation avec le personnel de l'établissement ; cela facilitera votre travail lorsque vous y amènerez vos invités.

Une journée à l'avance, confirmez l'heure et l'endroit avec votre invité. Je vous suggère d'appeler vous-même plutôt que de demander à votre adjoint de le faire à votre place. Si vous invitez des gens, c'est sans doute pour mieux les connaître, alors rapprochez-vous d'eux en faisant vos appels vous-même. Il s'agit d'un geste de courtoisie supplémentaire.

Assurez-vous d'arriver avant l'heure prévue. Choisissez une table située un peu à l'écart et offrez la meilleure place à votre invité. Ne le faites pas asseoir face au mur : indiquez-lui un siège qui lui assurera une vue sur l'intérieur de la salle à manger et laissez-le s'asseoir avant vous. Les banquettes qui longent normalement les murs sont considérées comme des places de choix.

Doit-on offrir l'apéritif ?

« Doit-on offrir l'apéritif ? » Voilà une autre question populaire ! La réponse est oui, si vous le désirez.

N'oubliez pas qu'en votre qualité d'hôte, vous contrôlez la situation. Que vous désiriez boire ou non, donnez à votre invité le droit de boire de l'alcool. Ainsi, avant que le garçon de table se présente, dites à votre invité : « Prendrez-vous un verre de vin avec le repas ? » Ou encore, posez cette question : « Désirez-vous un apéritif ? » En posant ces questions, vous donnez à votre invité la permission, soit de prendre un verre de vin avec le repas, soit de prendre un apéritif ou les deux. Ainsi, lorsque le garçon de table viendra prendre la commande, vous aurez fait votre travail d'hôte averti. Si le garçon se présente pour prendre la commande avant que vous ayez eu le temps d'aborder le sujet, donnez quand même la permission à votre invité de prendre de l'alcool en lui posant les mêmes questions.

Si vous ne désirez pas prendre d'apéritif, une simple remarque comme «Moi, je ne désire pas d'apéritif, mais prenez-en un si vous voulez», devrait faire passer votre message. Si votre invité commande quand même un apéritif, accompagnez-le simplement en commandant une eau minérale citronnée. Vous commettez une erreur si vous ne le faites pas. La même attitude s'applique lorsque vient le temps de commander le vin. Il ne faut pas laisser le garçon de table faire votre travail. Posez la question à votre invité avant que le garçon se présente pour prendre la commande.

Jamais un invité ne devrait choisir le vin, même si vous savez qu'il est un fin connaisseur et que cela vous embarrasse d'avoir à choisir. Si vous voulez être certain de choisir le bon vin, demandez au serveur quel serait le choix approprié pour accompagner les mets commandés.

À quel moment doit-on commencer à parler affaires?

Certaines personnes, très volubiles lorsqu'elles parlent affaires, deviennent presque muettes lors des conversations sociales. Dans bien des cas, l'hôte devra alimenter la conversation. Il est donc important de s'informer en lisant les journaux, les magazines, en regardant les bulletins de nouvelles à la télé et en posant des questions concernant la famille, les goûts et les habitudes des invités. Évitez les sujets trop hasardeux comme la religion ou la politique. On suggère également de ne pas parler d'argent à table.

La conversation d'affaires peut débuter tout de suite après le plat principal ou au moment du dessert. Si votre invité tarde à entamer la conversation, entrez dans le vif du sujet immédiatement après que l'assiette du plat principal a été enlevée. Certaines personnes me disent qu'elles préfèrent commencer à parler affaires dès le début du repas. Or, bien des gens trouvent cette façon de faire plutôt agressive. Les personnes que nous rencontrons ne sont pas nécessairement comme nous. Il ne faut pas oublier que ce type de rencontre a pour but de mieux connaître l'autre ; c'est pourquoi il importe de parler de sujets divers avant de plonger dans le vif du sujet.

Comment régler l'addition ?

La meilleure façon de faire consiste à ouvrir un compte chez un restaurateur que vous visitez régulièrement et en qui vous avez confiance. De cette façon, jamais l'addition ne sera présentée à la table.

Vous pouvez également, au moment de la réservation, mentionner que vous recevez un client et que vous désirez régler l'addition d'une façon discrète. Si vous avez confiance dans le personnel, vous pouvez lui laisser votre carte de crédit en arrivant et l'on se fera un plaisir de répondre à vos attentes. Encore faut-il le demander !

Autre option : après le dessert, excusez-vous auprès de votre invité et allez discrètement régler l'addition. Cette façon de faire évite les hésitations de dernière minute au sujet de l'addition. L'hésitation est d'autant plus perceptible lorsqu'une femme d'affaires invite un homme au restaurant. Comme on ne fait pas trop bien la distinction entre l'étiquette des affaires et l'étiquette sociale, les hommes, n'écoutant que leur galanterie, se croient obligés de payer l'addition de la dame, même si c'est elle qui invite. Messieurs, sentez-vous bien à l'aise quand une femme vous invite par affaires : laissez-la s'occuper de ce détail !

Surtout, ne vérifiez pas le calcul de l'addition à la table. Vous pourrez le faire à loisir lorsque vous reviendrez à votre bureau.

Le thé

L'heure du thé – 16 heures – est l'occasion idéale pour connaître plus intimement ses invités. En Angleterre, c'est un rituel encore très pratiqué de nos jours ; en Amérique, cette façon de recevoir les clients commence à se répandre.

La plupart des grands hôtels offrent le thé tous les jours, entre 16 et 17 heures. On y sert une variété impressionnante de thés, de cafés ou de portos, accompagnés de canapés, de scones, de confitures et de pâtisseries. La formule est agréable et plus économique que le déjeuner. Prévoyez une heure pour cette rencontre et invitez une ou deux personnes à la fois. Cette rencontre autour d'un thé constitue une excellente façon de terminer la journée (vous n'avez pas à retourner au bureau après).

Le thé est servi en feuilles ou en sachet. S'il est en feuilles, il est déjà dans la théière qui contient l'eau bouillante. Laissez-le infuser pendant quatre minutes environ. Placez la petite passoire sur votre tasse et versez le thé. Servez vous-même le thé à vos invités. Si vous trouvez que le thé est trop fort, ajoutez de l'eau chaude qui vous est servie en même temps que le thé.

Le thé se boit traditionnellement avec du lait et non de la crème. On dit que la reine Elizabeth a l'habitude de verser son lait dans la tasse avant d'y verser le thé. Certains le préfèrent noir relevé de citron, mais sans lait. Vous pouvez, bien sûr, y ajouter du sucre en vous servant des pinces à sucre.

J'entends, à tort et à travers, l'utilisation du terme *high tea*. Celui-ci n'est pas utilisé pour désigner une coutume de la haute société, mais plutôt pour désigner l'aspect copieux des bouchées qui agrémentaient l'heure du thé des fermiers britanniques qui travaillaient dans les champs au XIXe siècle. N'invitez jamais vos clients ou vos amis pour un *high tea*, mais bien pour le thé. Petite note historique : c'est Anne, septième de Bedford, qui imposa la coutume de l'heure du thé durant l'été de 1840. Cette façon de recevoir se répandit très vite chez les bien-nantis du Royaume-Uni.

Les pourboires

Doit-on laisser un pourboire ? Où, quand et, surtout, combien ? Ces questions sont bien souvent sources d'embarras et demeurent, dans la plupart des cas, sans réponses.

Alors que le terme anglais *tip* est l'abréviation de *To Insure Promptness* (pour assurer la promptitude), le mot français « pourboire », lui, signifie « pour boire plus rapidement, laissez des sous ». C'est surtout dans les tavernes que cette habitude a pris naissance. On dit que l'origine du mot remonte à 1740 ; cependant, ce n'est qu'au XIXe siècle que son usage s'est répandu.

Malheureusement, on ne sait pas toujours combien donner. Cette habitude est encore floue et, dans bien des cas, elle est laissée à notre discrétion. En règle générale, le montant d'un pourboire varie entre 15 % et 20 %. Lorsqu'on est satisfait d'un service, on donne un bon pourboire ; lorsque le service laisse à désirer, on laisse moins de sous !

Les opinions sont partagées en ce qui concerne les pourboires aux maîtres d'hôtel et aux sommeliers. Dans les commerces comme dans les salons de beauté, les stations-service ou les autres commerces du genre, ne sachant pas qui en est le propriétaire, les gens laissent quand même des pourboires et c'est permis de le faire.

Voici les pourboires suggérés :

- Restaurant modeste : 15 % du montant de l'addition avant les taxes, sans le vin ;
- Restaurant luxueux : 20 % du montant de l'addition avant les taxes, sans le vin ;
- Bar : 15 % du montant avant les taxes ;
- Portier : 1 $ par bagage ;
- Chasseur : 2 $ à l'arrivée et au départ ;
- Femme de chambre : 2 $ au départ ;
- Service à l'étage : 15 % ;
- Chauffeur de taxi : 2 $;
- Préposé au stationnement : 2 $;
- Pompiste : 1 $;
- Livreur : 2 $;
- Gardienne : entre 0 % et 15 % ;
- Sommelier : 15 % sur le montant du vin ;
- Salon de coiffure : coiffeur : entre 15 % et 20 % ; son assistant : 1 $ ou 2 $;
- Esthéticienne : entre 15 % et 20 % ;
- Manucure : entre 2 $ et 3 $.

Maintenant que vous connaissez la règle de base, il sera plus facile de décider à qui, quand et comment donner vos pourboires. Dans certains endroits et surtout lorsque vous visitez des pays étrangers, il arrive que les pourboires soient imposés et déjà inclus dans le total de l'addition. Renseignez-vous, car vous pourriez avoir des surprises !

Les 5 à 7 (cocktails)

La formule des 5 à 7 d'affaires est une excellente occasion fournie par les chambres de commerce et autres associations professionnelles pour permettre aux gens d'affaires de se rencontrer et de créer des liens.

Le but du réseautage étant de rencontrer le plus de gens possible dans une courte période de temps, ne passez pas plus de sept minutes avec la même personne. Maximisez vos chances et faites-vous un devoir de circuler et de faire des nouvelles rencontres.

Avant tout, préparez-vous pour l'événement. Les gens sont surpris lorsque je leur suggère de se préparer ainsi pour un 5 à 7; ils n'accordent pas beaucoup d'importance aux résultats qui peuvent découler de ces rencontres. Ils se trompent! Ainsi, avant de vous y rendre, posez-vous les questions suivantes:

- Quel est mon objectif?

- Ai-je vraiment envie d'y assister?

- Est-ce que je veux rencontrer des clients potentiels ou simplement aller saluer mes clients existants?

Une fois sur place, lorsque vous parlez avec une personne qui vous intéresse et avec qui vous envisagez faire des affaires, ne vous lancez pas dans un discours de vente effréné. Si vous le faites, vous serez considéré comme gauche, désespéré, non professionnel ou inexpérimenté. Cependant, il est permis de mentionner votre intérêt en disant quelque chose comme: «Notre conversation me laisse présager que nous pourrions faire des affaires ensemble. Pouvons-nous déjeuner ensemble cette semaine?» et procédez à l'échange des cartes.

Si le réseautage ne vous apporte pas autant de succès que vous l'aviez espéré, posez-vous la question suivante: «Suis-je à l'écoute des autres?» Lorsque des gens d'affaires me disent: «J'ai déjà été membre d'une telle association et cela ne m'a rien donné», je leur réponds que, pour avoir du succès, il faut assister aux activités, s'y préparer et savoir réseauter. Si vous ne parlez que de vous dans ces rencontres, les chances sont minces qu'on veuille faire affaire avec vous.

Pour qu'une rencontre soit fructueuse, oubliez-vous! Donnez la vedette à l'autre. N'attaquez personne avec un discours de vente. Consacrez plus de temps à établir des contacts et de bonnes relations plutôt que d'essayer de vendre vos produits ou vos services. Vous trouverez ainsi ce genre de réunions plus plaisantes et, surtout, plus productives. Souvenez-vous que le but de ce genre d'activités est de rencontrer des clients potentiels. La suite vous appartient...

Voici les règles d'or à suivre lors d'un cocktail d'affaires:

- Écoutez avant de vous mêler à une conversation;
- Souriez et présentez-vous;
- Donnez une bonne poignée de main à chacun;
- Mêlez-vous à la conversation;
- Après sept minutes, quittez le groupe en donnant la main;
- Circulez et rencontrez le plus de gens possible.

Conseils pratiques pour se préparer à assister à une telle activité

- Informez-vous sur le calibre des personnes qui assistent généralement à ce genre de réception;

- Décidez ce que vous voulez retirer de l'événement et allez-y. Combien de nouvelles personnes voulez-vous rencontrer? Préparez une présentation durant 14 secondes ou moins;

- Si on vous remet une cocarde, placez-la du côté droit. De cette façon, lorsque vous donnerez la main, les yeux de vos interlocuteurs se dirigeront automatiquement vers votre cocarde sans avoir à dévier le regard vers la gauche ;

- Soyez dynamique et trouvez le premier groupe auquel vous désirez vous présenter. Circulez ;

- Joignez-vous à des groupes de trois personnes et plus ;

- Ne présentez jamais une main froide et humide. Gardez votre verre dans la main gauche et transférez-le dans votre main droite pour boire.

Comment gérer assiette, serviette et cocktail ?

Si vous avez une assiette garnie de bouchées, une serviette et un verre de vin, vous serez embarrassé lorsque viendra le temps de donner la main. Alors voici la meilleure méthode : dépliez votre serviette à demi et passez-la sur l'annulaire. Tenez votre assiette entre l'index et le majeur. Tenez le verre de vin par la tige entre l'index et le pouce, et déposez-le sur l'assiette.

Si vous avez un verre à fond plat, déposez-le sur une serviette, entourez la base et tenez-le dans votre main gauche. Les droitiers transféreront le verre dans leur main droite pour boire et dans leur main gauche pour le tenir. De cette façon, vous n'aurez jamais la main droite froide et humide.

Utilisez votre main droite pour manger, boire, essuyer vos lèvres et, bien sûr, donner la main. Eh oui, tout cela avec la même main !

Remerciement

Apprenez à dire merci. Envoyez un petit mot ou un courriel en guise de remerciement après la rencontre. C'est toujours apprécié et cela dénote un savoir-vivre certain mais, surtout, une considération appréciable envers autrui.

Cartes professionnelles

Il fut un temps où les gens se faisaient un honneur de donner et de prendre le plus de cartes professionnelles possible lors d'une rencontre de réseautage.

Ce n'est pas la quantité de cartes données ou amassées qui compte, mais la qualité. Avant d'offrir ou de demander une carte, attendez de voir s'il y a un intérêt mutuel. Demandez-vous si, d'après la discussion que vous avez eue, vous prévoyez faire des affaires ensemble un jour. Il vaut mieux repartir d'un 5 à 7 avec deux ou trois cartes bien placées ou bien récoltées, plutôt qu'avec des dizaines de cartes qui finissent dans la corbeille.

Si on vous demande votre carte, ayez la politesse d'en demander une en retour; si on vous en offre une, offrez la vôtre en retour. Ne demandez pas une carte au début d'une conversation, attendez que celle-ci soit bien amorcée. On respecte ici aussi la hiérarchie: on attendra qu'une personne qui occupe un poste supérieur nous demande notre carte. Il serait impoli de lui demander la sienne en premier lieu.

Vous rencontrerez des gens qui diront ne pas avoir de cartes professionnelles avec eux. Bien souvent, ce n'est pas parce qu'ils n'en ont pas, c'est simplement parce qu'ils ont appris que c'est la meilleure façon d'éviter les sollicitations et le harcèlement.

Gardez toujours des cartes à portée de main. Le meilleur endroit est dans un porte-cartes que vous aurez glissé dans une poche de votre veston. Ceci s'applique aux femmes également, car cela vous empêchera de chercher vos cartes dans votre sac à main et d'avoir l'air désorganisée. Les cartes que vous offrez doivent être impeccables.

En Amérique, nous n'avons pas le culte du papier comme dans certains pays. Lorsque nous offrons une carte, il faut la présenter à l'endroit pour le destinataire et avec la main droite. Lorsque nous recevons une carte, il faut la lire et la regarder avant de prendre le temps de la placer délicatement dans son porte-cartes. Il faut être respectueux envers les cartes et les gens qui les offrent.

Lorsque vous assistez à un dîner d'affaires et que vous ne connaissez pas les gens à votre table, l'habitude consiste à se présenter et à offrir sa carte professionnelle. Cela devient un échange interminable. Il est inutile de présenter sa carte à chacune des personnes à notre table. Le fait de se présenter suffit. N'oubliez pas de vous lever et de serrer la main de vos voisins de table. De grâce, ne restez pas assis. Savez-vous que les femmes perdent 90 % de leur pouvoir si elles restent assises!

Le dîner au restaurant

Lorsque vous désirez recevoir vos meilleurs clients ou vos relations d'affaires pour un dîner (repas du soir) officiel au restaurant, réservez jusqu'à trois heures de votre temps. Si vous êtes membre d'un club privé, profitez de l'occasion pour y inviter vos convives. Prenez en considération les goûts de vos invités avant de choisir le restaurant.

Le fait d'inviter quelqu'un au restaurant signifie qu'on paie l'addition. Si l'un de vos invités insiste pour payer, mentionnez-lui tout simplement que vous accepterez son invitation la prochaine fois.

Vous pouvez profiter de l'occasion pour recevoir les conjoints et les conjointes. Si tel est le cas, vous alternerez les hommes et les femmes à table.

Voici quelques plans de table qui vous aideront à assigner les places.

La table où hommes et femmes alternent

On séparera les conjoints pour éviter qu'ils se fassent la conversation entre eux et ignorent les invités. Il n'est pas recommandé de les asseoir face à face non plus. Dans la figure 8, remarquez que la femme n° 5 est assise en diagonale avec son conjoint; on pourrait aussi choisir de les asseoir du même côté de la table. On dit que seuls les jeunes, les fiancés et les jeunes mariés ne sont pas séparés à table.

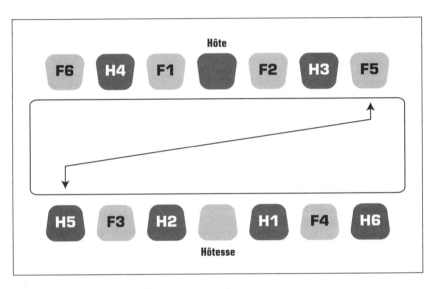

FIGURE 8. Hommes et femmes en alternance

S'il y a plusieurs tables, les conjoints peuvent même occuper des tables différentes.

L'alternance femme et homme est suggérée lors des réceptions sociales. Cependant, il arrive que les femmes ne soient pas invitées comme conjointes mais bien comme déléguées occupant un rang. Il faut tenir compte de leur rang lorsque vient le temps de l'assignation des places; dans ce cas, il se peut qu'il soit impossible de respecter le principe de l'alternance.

La table d'honneur

Dans le modèle présenté ci-dessous (figure 9), la place centrale est occupée par l'hôte. Le premier invité d'honneur est assis à sa droite tandis que le deuxième est assis à sa gauche.

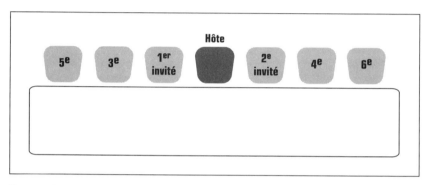

FIGURE 9. La table d'honneur rectangulaire

Lorsque la table d'honneur réunit des convives étrangers et leurs conjoints, le principe reste sensiblement le même : l'hôte local est assis au centre ; l'invité d'honneur étranger est assis à sa droite et la conjointe de ce dernier est assise à la gauche de l'hôte.

Voici comment placer les invités locaux par rapport aux convives étrangers, toujours pour une table rectangulaire.

À droite de l'hôte :

– Conjointe de l'invité local n° 2 (le plus éloigné de l'hôte) ;
– Invité étranger n° 2 ;
– Conjointe de l'invité local n° 1 ;
– Invité étranger n° 1 ;
– Conjointe de l'hôte local ;
– Invité d'honneur étranger (le plus près de l'hôte).

Hôte local

À gauche de l'hôte :
- Conjointe de l'invité d'honneur étranger (le plus près de l'hôte) ;
- Invité local n° 1 ;
- Conjointe de l'invité étranger n° 1 ;
- Invité local n° 2 ;
- Conjointe de l'invité étranger n° 2 (le plus éloigné de l'hôte).

La figure suivante présente un modèle pour table ronde.

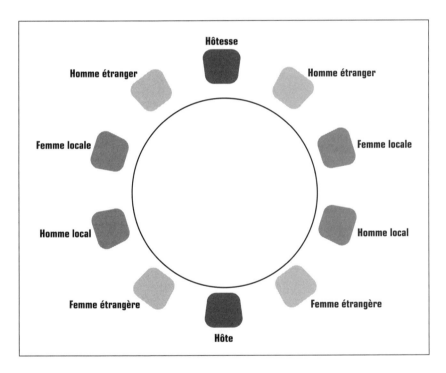

FIGURE 10. La table d'honneur ronde

Le plan de table est important, car il assure la parfaite harmonie des invités. Alternez les places assignées aux invités locaux avec celles des invités étrangers. Si une délégation étrangère de dix personnes est invitée à une réception, conviez une vingtaine de personnalités locales.

Si votre groupe occupe plusieurs tables, il faut prévoir un représentant de votre entreprise par table ; ainsi, après le repas, vous pourrez avoir le compte rendu de chacun. Cela vous permettra d'évaluer le succès de votre événement.

Le dîner à la maison

La plus belle marque de reconnaissance que vous puissiez témoigner à vos meilleurs clients, à vos amis ou à vos collègues, c'est encore de les recevoir à votre résidence. Toutefois, même lorsqu'on reçoit à la maison, il faut respecter certaines règles.

Vos invités méritent ce qu'il y a de mieux. Ce n'est pas l'occasion d'utiliser des serviettes de table ou des nappes en papier ! Même si vos invités veulent aider à la cuisine, ce n'est pas leur place. Invitez-les plutôt à se détendre tout en dégustant leur boisson préférée. Les enfants doivent se faire discrets. Quant aux animaux de la maison, ils ne font pas partie de la liste des invités !

L'étiquette au repas

Avant de commencer à manger, assurez-vous que tous les gens sont servis. L'hôte peut donner le signal en commençant son repas ou encore en levant son verre et en souhaitant « Bon appétit ! » à ses invités. Lorsqu'il s'agit d'un repas où il y a un invité d'honneur (il sera assis à la droite de l'hôte), c'est ce dernier qui donnera le signal plutôt que l'hôte.

Les toasts

On porte un toast lors des mariages, entre amis, dans les repas d'affaires ou encore lorsqu'on prend le champagne. Le toast a une histoire assez longue et se pratiquait jadis dans plusieurs cultures. Il a, dit-on, commencé dans la Grèce antique où l'on avait la fâcheuse habitude d'inclure… du poison dans les boissons! Alors, offrir un toast et, surtout, le boire était un acte de foi. Les Romains, quant à eux, déposaient un morceau de pain grillé dans leur gobelet pour adoucir la saveur du vin. En Angleterre, on plaçait un morceau de pain grillé (*toast*, justement) dans le fond du verre et la coutume consistait à boire jusqu'au moment où on avait atteint le morceau de pain trempé.

Qu'en est-il du tintement des verres? Eh bien, chez les Anciens grecs, le fait d'entrechoquer son verre avec celui d'un autre convive permettait de détecter si du poison avait été versé dans le punch. Selon une autre croyance, cette coutume permettait de chasser les démons. Nous avons gardé l'habitude de faire tinter nos verres entre amis, mais lors de réceptions d'affaires, le simple fait de lever son verre à la hauteur du menton suffit. Inutile de les frapper.

Les toasts sont portés au début d'un repas et lorsque les verres sont remplis, généralement pour souhaiter la bienvenue aux invités. Si vous ne buvez pas, acceptez quand même que l'on verse un peu de vin dans votre verre pour accompagner les autres. Dans certaines occasions, vous devrez vous lever pour porter un toast, alors que dans d'autres, plus intimes et familiales, vous pourrez rester assis. Quand on porte un toast, on lève son verre et on regarde l'invité d'honneur et les invités dans les yeux. On prend une gorgée de vin et les invités font de même.

Si on porte un toast en votre honneur, ne buvez pas et ne vous levez pas. Boire serait comme vous applaudir vous-même. Laissez la personne qui a porté le toast, suivie des invités, prendre une gorgée à votre santé. En guise de réponse et de remerciement, levez votre verre, regardez les gens dans les yeux, dites un mot gentil et prenez ensuite une gorgée. Les toasts doivent être courts; voici un exemple: «Nous sommes honorés de vous avoir, Monsieur Invité, pour célébrer la fin du projet que nous avons réalisé ensemble.»

En attente dans une file de réception

À certaines occasions, on formera une file de réception pour aller saluer les hôtes. En principe, personne ne boit dans une ligne de réception, car les boissons sont servies après que les invités ont salué les hôtes. Toutefois, si vous avez un verre à la main et que vous ne voulez pas perdre votre place, vous trouverez de petites tables d'appoint qui permettent aux invités de déposer leur verre avant les salutations. Si vous organisez un événement au cours duquel il y aura une file de réception, prévoyez ce genre de petites tables.

En attente vers le buffet

Si vous êtes dans une file d'attente vers le buffet, n'apportez pas votre verre et respectez la file. Si vous êtes deux personnes à une table et que chacune doit se rendre au buffet, n'oubliez pas qu'il est impoli de laisser une personne seule à table. Il est suggéré que les deux personnes se lèvent à la fois. Les femmes doivent prévoir un sac à main qui se porte en bandoulière pour la circonstance.

L'étiquette au buffet

Circulez dans le bon sens et ne passez pas devant les gens qui attendent en file. Faites le tour des plats avant de décider ceux qui vous attirent le plus. Comme vous avez droit à plusieurs services, ne remplissez pas votre assiette à pleine capacité. Il est préférable d'y retourner. Ce n'est pas le temps non plus d'engager des conversations et de gêner le service. N'empilez pas les assiettes lorsque vous avez terminé ; attendez simplement que le serveur desserve. Gardez vos ustensiles en les déposant sur la nappe, en prenant soin de ne pas la salir ; déposez votre fourchette d'abord, puis votre couteau sur celle-ci, entre ses dents.

La serviette de table

C'est dans les années 1700 que la serviette de table a fait son apparition. À cette époque, la nappe de lin était d'usage ; on déposait le pain dans les serviettes de table. C'est en 1784 qu'on a modifié l'étiquette entourant la serviette de table, pour la déposer dans une assiette décorative. De nos jours, on la place, soit dans une assiette décorative, soit à gauche du couvert.

C'est l'hôte qui donne le signal du début du repas en déposant sa serviette de table sur ses genoux. Les invités imitent son geste. C'est le signal que le repas peut commencer. On s'essuie la bouche avec la serviette de table avant de prendre une gorgée d'eau ou de vin, au besoin. La partie souillée de votre serviette de table ne doit pas être visible. Comment faire, me direz-vous ? Déposez la serviette de table sur vos genoux, pliée en deux, le pli de la serviette vers vous. Lorsque vous devez vous essuyer les lèvres, faites un rabat d'environ 8 cm à 10 cm avec votre serviette et lorsque vous avez terminé, rabattez cette partie. Ainsi, personne ne verra la partie souillée.

Si vous devez vous lever et vous absenter de la table pendant un court moment, déposez la serviette sur votre chaise. Ce geste indique au serveur que vous reviendrez et que vous vous êtes absenté momentanément. Certaines personnes affirment qu'il n'est pas hygiénique de déposer sa serviette sur le siège de la chaise ; si vous pratiquez la technique du rabat, la partie qui touche vos lèvres ne touchera pas la chaise.

Lorsque vous partez à la fin du repas, déposez votre serviette sur la table. Cela indique au serveur que vous avez terminé. Vous n'avez pas à la plier, prenez-la par le centre et déposez-la simplement sur la table en vous assurant de ne pas montrer la partie souillée.

Fumeur ou non-fumeur ?

La règle d'étiquette est la suivante : si vous ne voyez pas de cendrier sur la table, ne demandez pas si vous pouvez fumer. S'il y a un cendrier, la politesse exige que vous demandiez aux convives si vous pouvez fumer.

Si vous recevez des gens à la maison et que vous préférez qu'ils ne fument pas, mentionnez-le lors de l'invitation. De cette façon, la situation sera claire et cela évitera des malentendus.

Choisir le vin et le déguster

Lire l'étiquette sur la bouteille n'est pas compliqué ; cependant, plusieurs personnes ne savent toujours pas comment procéder. Peu importe le pays d'origine, sachez qu'on y trouve les mêmes renseignements :

– Le pays ou la région d'origine du vin ;
– Le producteur : le nom du château ou du vignoble ;
– L'année de la mise en bouteille ;
– La classe de vin : grand cru, médaillé d'or, etc.

Lorsque le sommelier ou le serveur vous présente la bouteille, regardez l'étiquette et assurez-vous qu'elle correspond bien à ce que vous avez commandé. Le serveur vous présentera ensuite le bouchon. Pressez-le entre vos doigts. Est-il sec ou humide ? Si le bouchon est sec, cela signifie que la bouteille n'a pas été conservée dans les règles de l'art. Le goût du vin peut en être affecté. Sentez le bouchon. Est-ce que l'arôme est agréable, vinaigré ou sur?

Si le bouchon est humide et que la senteur vous plaît, demandez au garçon de verser le vin. Il vous en versera une petite quantité. Vous devrez alors humer le vin et en vérifier l'arôme. Une autre raison de cet exercice est que si des particules de liège tombent dans le verre, ce sera dans le vôtre et non dans le verre de vos invités. Simple précaution.

Regardez le vin dans votre verre et examinez sa couleur. Tournez légèrement le verre pour en dégager le bouquet. Goûtez-le. Est-il bouchonné (arrière-goût de liège)? Est-il agréable au goût? Si le vin est bouchonné, dites-le au serveur. Il changera la bouteille. Si le vin est agréable au goût, le serveur en versera dans le verre de vos invités et il vous servira en dernier lieu. La coupe ne doit pas être pleine; le verre doit être rempli un peu plus qu'au tiers.

Le vin est vivant jusqu'au moment de sa dégustation, c'est la raison pour laquelle on dit que la forme du verre permet au vin de respirer et de dégager ses arômes. Tenez votre verre par la tige assez haut (près de la coupe).

Un test efficace d'évaluation

Vos manières et votre comportement en public affectent l'image de votre entreprise et la vôtre. Il importe donc de connaître les nuances qui font la différence entre la classe et la banalité. La meilleure façon d'évaluer le savoir-vivre d'une personne, c'est de l'inviter au restaurant. Dans les grandes entreprises, cela fait même de plus en plus partie du processus normal d'embauche.

Que diriez-vous de quelqu'un qui tremperait sa serviette de table dans son verre d'eau pour essuyer une tache ou qui déposerait son couteau souillé sur la nappe ou encore qui tartinerait sa tranche de pain au complet? Seriez-vous à l'aise de confier à cet individu une mission importante à l'étranger? Souhaitez-vous que ce genre d'individu représente votre société? Non, me direz-vous. Pourtant, j'ai souvent été témoin de ce genre de situations plutôt embarrassantes.

S'habiller pour l'occasion

Conscients du fait que les toutes premières secondes sont déterminantes, les gens sont de plus en plus préoccupés par leur apparence. Il est vrai que l'image que nous projetons aux autres par notre tenue vestimentaire est aussi importante que notre savoir-vivre, nos bonnes manières, nos connaissances et nos compétences. Mais il n'est pas facile de savoir d'instinct comment se vêtir. L'époque où l'on suggérait d'imiter la tenue des gens qui réussissent est révolue. On conseille plutôt maintenant de planifier, de préparer et de visualiser son allure en fonction de sa personnalité, tout comme on planifie, prépare et visualise son entrée ou son ascension sur le marché du travail.

Par exemple,

– Pour un 5 à 7 d'affaires, gardez la tenue que vous portiez au bureau. Les femmes portent souvent le tailleur et l'homme le complet et la cravate, ou le complet et le pull;

– Pour un 5 à 7 social, encore une fois, gardez la tenue que vous portiez au bureau. Toutefois, les femmes peuvent modifier le chemisier, les bijoux et la ceinture pour donner une allure plus habillée et accentuer leur maquillage. Lors d'un cocktail, on portera la robe courte ou le deux-pièces. On peut porter le chapeau et les gants courts. Évitez les jeans, les vêtements sport ou encore les tenues trop habillées. Les hommes porteront le complet et la cravate ou le complet et le pull.

En somme, avant de décider comment s'habiller pour une occasion donnée, il faut s'informer du déroulement de l'événement.

Voici différentes appellations de tenues :

- La tenue décontractée (tenue simple, plutôt sportive) ;
- La tenue de ville (la plus courante des tenues) ;
- La tenue de cérémonie (tenue de jour plus habillée que la tenue de ville) ;
- La tenue « cravate noire » (tenue de soirée plus habillée que la tenue de ville) ;
- La tenue « cravate blanche » (tenue de soirée plus habillée que la tenue « cravate noire »).

La tenue décontractée lors d'événements

Même lorsque l'événement requiert une tenue décontractée, il importe de choisir ses vêtements en fonction des activités. Les hommes peuvent oublier la cravate. Le polo et le col roulé se portent dans ce genre de tenue, de même que les chemises à manches courtes. Les hommes peuvent aussi opter pour un veston sport, un blouson ou un cardigan. Les femmes peuvent porter une jupe, un pantalon, un ensemble pantalon, un bermuda, un chemisier, une camisole accompagnés d'une veste sport ou d'un cardigan.

Il est conseillé de s'informer afin de savoir comment les autres invités seront habillés. S'il s'agit d'un congrès, demandez à connaître le code vestimentaire ou encore le programme des activités prévues pour les congressistes et leurs conjoints.

Au cours d'un congrès, il y a des réunions d'affaires ; la plupart du temps, certains congressistes portent une tenue d'affaires alors que d'autres optent pour des vêtements plus décontractés. Il importe donc de prévoir les vêtements appropriés. Il y a aussi l'éternel tournoi de golf! Sur un terrain de golf, on ne porte pas les pantalons de son complet. Ce n'est pas le moment non plus d'arborer des vêtements que vous porteriez pour faire votre jardinage. Procurez-vous des vêtements sport d'aussi bonne qualité que vos vêtements de travail. Enfin, n'oubliez pas de prévoir votre habillement pour le banquet de clôture.

Quelquefois, on indique le code vestimentaire au programme. Quelle joie!

La tenue décontractée du vendredi (*casual Friday*)

Si vous travaillez dans un bureau où le code vestimentaire permet la tenue décontractée le vendredi, attention aux pièges! Cette coutume hebdomadaire est née dans les années 1980 à Silicon Valley, en Californie, mais ce n'est qu'au début des années 1990 que les grandes entreprises l'ont adoptée. Le vendredi a été «voté» comme une journée où le code vestimentaire était plus libre, une journée où le complet-cravate et le tailleur gris ou marine étaient remplacés par des tenues plus «relax» dans des couleurs inhabituelles pour le monde des affaires. Cette mode, conçue à l'origine pour stimuler le moral des employés à la fin de la semaine de travail, connaît un vif succès depuis ses débuts. Mais un certain laisser-aller s'est vite installé et un besoin d'équilibre renaît. On se rend compte que le relâchement du code vestimentaire entraîne aussi un relâchement dans le comportement et les manières...

Avant de commettre l'irréparable et de vous déguiser en bouffon, demandez au service des ressources humaines de votre entreprise s'il existe un code vestimentaire général et si le vendredi est considéré comme une journée décontractée. Si vous n'obtenez pas de réponse satisfaisante, posez-vous cette question: «Qu'est-ce que mon entreprise souhaite que je dégage lors de mes rencontres avec les clients et les visiteurs?»

Une tenue décontractée pour le travail inclut des vêtements de bonne qualité et exclut les jeans, les pantalons de coton ou de velours côtelé, les shorts, les vêtements en spandex et les vêtements d'exercice, les espadrilles, les casquettes, les couleurs criardes ou fluorescentes ainsi que les tissus lustrés ou brillants. Le port de la cravate n'est pas nécessaire, mais les chemisiers et les pulls auront des cols, le sans-col donnant une allure plus sportive. Ne portez pas de vêtements défraîchis que vous utiliseriez chez vous pour tondre la pelouse!

Mon meilleur avis aux hommes et aux femmes d'affaires est celui-ci: habillez-vous chaque jour comme si vous alliez solliciter un emploi. Chaque jour, vous devez prouver vos compétences, que ce soit à la direction de l'entreprise, à vos collègues ou à vos clients. Tenez compte de votre ordre du jour et posez-vous cette question: «Ai-je des clients à rencontrer aujourd'hui? Dois-je faire une présentation?» Les gens vous observent et se font une opinion sur vous en se basant sur ce qu'ils voient. Prenez aussi en considération que même si vous n'avez pas personnellement de rendez-vous officiel ce vendredi, il se peut que vos collègues en aient, eux. Que penseront leurs clients s'ils vous rencontrent vêtu d'une façon différente? Optez pour le juste équilibre et respectez votre entourage!

Voici quelques conseils généraux.

Mesdames,

1. Ne portez pas de sandales, de camisoles ou de chemisiers sans manches;

2. Si vous portez un tailleur, portez des bas et des souliers fermés, quelle que soit la température;

3. Les jupes mi-mollets ou longues ne sont pas conseillées pour les affaires;

4. Une tenue décontractée comporte aussi des couleurs neutres, des blouses ou des chemisiers sport, des pulls et des pantalons sport ainsi que des jupes;

5. Optez pour une veste sport dans des tons neutres pouvant se porter avec un pantalon habillé ou une jupe.

Messieurs,

1. Sachez que la cravate n'est pas nécessaire, mais qu'un vêtement sans col n'est pas approprié;

2. Optez pour la chemise à col ouvert ou un pull sur un pantalon habillé agrémenté d'un veston sport;

3. Évitez les denims et les cuirs;

4. Ne portez pas de sandales (avec ou sans bas);

5. Oubliez les bas blancs;

6. Osez porter des chemises dans des tissus aux petits imprimés.

Accordez une attention toute spéciale au choix des accessoires. Les chaussures, les ceintures, les écharpes et les broches sont votre signature. Le tout doit s'agencer harmonieusement.

La tenue de ville

Lorsque la carte d'invitation ne mentionne aucune tenue spécifique, c'est que la tenue de ville est demandée : cette tenue étant la plus courante, on ne juge pas nécessaire de la spécifier.

Pour les hommes, cela signifie un complet-cravate. Plus l'événement est important, plus la couleur du complet doit être sombre : chemise, cravate, souliers (noirs ou bruns), chaussettes de couleur assortie au complet et aux souliers.

Pour les femmes, cela signifie un tailleur de belle qualité (tissu quatre saisons), une robe en fibre naturelle, des chaussures en cuir véritable à talon plat ou moyen. Évitez les décolletés. Pour le soir, optez pour des bijoux plus clinquants, un chemisier de soie ou de satin, une pochette du soir, des bas pure soie et des escarpins du soir. Le port des gants est facultatif, mais il faut les enlever pour boire ou manger.

La tenue de cérémonie

Cette tenue est indiquée lors des réceptions officielles pendant le jour.

L'homme porte la jaquette; il s'agit d'un vêtement noir à pans ouverts descendant jusqu'aux genoux. La jaquette se porte avec un pantalon rayé de gris, des chaussettes et des chaussures noires, un gilet gris ou noir, une cravate de soie grise ou une lavallière si le collet de la chemise le permet. Un chapeau haut-de-forme gris ou noir ainsi que des gants gris complètent la tenue. La chemise blanche s'impose.

Les dames portent une robe d'après-midi; le port des gants ainsi que du chapeau est facultatif, selon la nature de l'événement.

La tenue habillée smoking ou «cravate noire»

C'est la tenue la plus portée lors d'occasions spéciales comme les bals, les dîners officiels, les soirées de collecte de fonds, les mariages célébrés après 18 heures.

Pour les hommes, cela signifie un smoking noir, un pantalon à bande de satin noir sur les côtés, un nœud papillon noir, une chemise blanche à plis, une ceinture d'étoffe noire, des chaussettes et des chaussures noires. Si on mentionne «cravate noire d'été», cela signifie simplement que le veston sera blanc, alors que le pantalon et le nœud papillon seront noirs.

Pour les femmes, cela signifie une robe du soir, longue ou courte, ornée ou non de pierres ou de perles, ou une jupe longue et un chemisier, des escarpins, un sous-bras ou un sac du soir et des bas diaphanes. Attention aux robes sans bretelles lors des dîners officiels!

Il est important que les couples se consultent avant l'événement. Combien de fois avons-nous vu des couples mal assortis. C'est gênant. J'ai souvent entendu la remarque suivante: «Tu aurais dû me le dire, j'aurais porté autre chose.» Trop tard: le mal est fait et votre image en souffre.

La tenue habillée «cravate blanche»

Il s'agit de la tenue la plus formelle portée après 18 heures (cette tenue n'est jamais portée le jour). On la revêt pour les bals, les dîners officiels, les réceptions et l'opéra.

Pour les hommes, cela signifie un nœud papillon blanc, un veston queue-de-pie en pure laine et en soie de couleur noire, une petite veste sans manches blanche, une chemise blanche à plastron empesé et à col cassé, des boutons de manchette dorés ou ornés de diamants, des chaussettes en soie noire et des souliers vernis.

Les femmes opteront pour une robe de bal longue (à paillettes), une fourrure, des bas diaphanes, des escarpins, des gants courts si les manches sont longues ou des gants trois quarts si les manches sont courtes. Lors du dîner, elles enlèveront leurs gants, mais pour les présentations et la danse, elles les garderont.

Les gants

Les femmes doivent enlever leurs gants lors d'un repas. Lors de présentations sociales, elles peuvent rester gantées. La longueur des gants est déterminée par la longueur des manches. Les gants longs sont portés avec les robes à manches courtes ou sans manches et, inversement, les gants courts accompagnent les manches longues.

Les hommes enlèvent leurs gants lorsqu'ils enlèvent leur manteau. Ils ne doivent jamais présenter une main gantée. En affaires, hommes et femmes enlèvent leurs gants avant de serrer la main.

Chapitre 7

L'étiquette
à table

« Un repas excellent, tout animé de mots et d'idées,
nous fait semblable à des dieux. »
Paul Valéry

Les bonnes et les mauvaises manières à table

Les manières à table permettent de juger infailliblement de l'éducation d'une personne.

À éviter

Manger proprement ne suffit pas. Il faut bannir certains gestes : s'installer à une place d'honneur sans y avoir été invité ; s'asseoir avant que l'hôte soit assis ; glisser sa serviette dans son décolleté ou dans l'ouverture de sa veste ou encore dans le col de sa chemise ; se propulser sur le pain ou vider son verre avant le service de l'entrée ; puiser dans le beurrier avec son couteau ; commencer à manger sans y être autorisé par l'hôte ; passer devant ses voisins pour prendre la corbeille de pain ; remplir son verre soi-même ; se servir sans d'abord en offrir à ses voisins de table ; nettoyer son assiette avec un morceau de pain ; tremper son pain dans le potage ; lécher son couteau et sa fourchette ; poser les coudes sur la table.

Conseils généraux

- Attendre que l'hôtesse nous indique notre place. Si elle est une hôtesse avertie, elle respectera l'alternance homme-femme.

- Maître et maîtresse de maison prennent toujours place face à face, en bout de table ou au centre.

- L'invité d'honneur ou l'aîné (la personne la plus âgée ou la plus élevée dans la hiérarchie) est toujours à la droite de l'hôte ou de l'hôtesse.

- Lorsque l'hôtesse ou l'hôte prend sa serviette de table pour l'installer sur ses genoux, imitez son geste. Prenez votre serviette de table de la main gauche et déposez-la à moitié dépliée sur vos genoux.

- Pendant le repas, essuyez vos doigts ou vos lèvres à l'intérieur de la serviette. L'extérieur doit rester immaculé.

- Commencez à manger seulement après l'hôtesse ou l'hôte. Elle ou il peut cependant donner la permission à ses invités de commencer dès qu'ils sont servis, surtout s'il s'agit d'un repas chaud.

- Faites circuler les plats vers la droite et servez-vous avec les cuillères et les fourchettes de service, jamais avec les vôtres.

- Découpez la viande un morceau à la fois.

- Il est permis de demander à notre voisin de nous passer le pain, le sel, le beurre, etc. Ne passez pas le bras devant votre voisin pour prendre ces articles.

- Trouvez des sujets de conversation intéressants et évitez les sujets tabous.

- L'hôtesse parfaite décidera à l'avance qui sera le compagnon de table de chaque convive et des cartons d'identification seront placés devant chaque personne.

- Tous les invités doivent être présents avant que les convives passent à table.

- Un menu peut être déposé devant chaque invité ou à gauche des fourchettes.

- L'homme aide la femme à prendre place. Il tire la chaise et la femme se glisse élégamment sur celle-ci. Elle s'approchera de la table jusqu'à une distance d'une main.

- La première personne servie est l'invité d'honneur, qui se trouve à la droite des hôtes. Ensuite, on sert les femmes selon d'ordre décroissant d'honneur, puis vient le tour des hommes, selon le même ordre.

- On présente les plats à gauche, mais on dessert à droite.

- Le vin est servi au début du repas et les verres à vin sont à droite.

- On offre le pain de même que le beurre au convive de droite avant de se servir. Ensuite, on se sert et on passe l'assiette au convive de gauche.

- Gardez le dos droit sans vous adosser.

- Gardez vos mains sur la table.

- Ne croisez pas les jambes à table.

La table

La géométrie de la table

Une table mesure généralement de 71 cm à 76 cm de hauteur. Le siège de la chaise est à 45 cm du plancher. La nappe dépasse la table de 33 cm à 45 cm de chaque côté. Lorsque vous pliez une nappe, assurez-vous qu'elle est d'abord pliée dans le sens de la longueur. Lorsque vous la déposez sur la table, les plis seront placés dans le sens de la longueur et formeront une tente. Pour le confort des invités, les chaises sont placées à 30 cm de distance.

La pièce décorative centrale ne dépasse pas 35 cm de haut afin de permettre aux convives de se voir sans avoir à se pencher. Si vous possédez des bougeoirs, choisissez-en un qui a quatre branches pour une table de huit convives. Les bougies sont allumées avant que les invités prennent place.

Les serviettes de table sont pliées en deux, encore en deux, puis encore en deux et elles sont déposées le côté ouvert vers la droite.

Dresser la table dans les règles de l'art

Le fait de s'asseoir à table devant cinq verres, trois couteaux et quatre fourchettes en intimide plus d'un. Comme vous le verrez en lisant cette section, cela n'a pourtant rien de sorcier. Si cette situation vous a déjà ennuyé ou embarrassé, dites-vous que c'était la dernière fois.

Les règles à ce sujet peuvent se résumer ainsi: la disposition des couverts et des verres tient compte de l'ordre dans lequel les plats et les vins sont présentés. Les liquides sont placés à droite, les solides à gauche. On sert à gauche et on dessert à droite.

Alors, quel ustensile doit-on utiliser et dans quel ordre? Comment être certain de choisir la bonne fourchette? La règle est simple, me direz-vous: il faut toujours commencer par les ustensiles et le verre qui se trouvent aux extrémités. Vous avez raison, mais il y a plus que cela.

- **Dîner protocolaire:** voici le service typique que nous retrouvons lors des dîners d'affaires protocolaires (voir la figure 11).

  - Les verres sont placés par ordre de grandeur, à droite de l'assiette principale. L'ordre habituel est le verre à sherry, le verre à vin blanc, le verre à vin rouge, le verre à eau (qui est placé un peu plus à l'intérieur par rapport aux autres verres afin d'éviter des accidents de parcours) et la flûte à champagne, si le champagne est servi au dessert. Le nombre maximal de verres est cinq. Les verres à digestif ne sont pas sur la table.

– Au centre, en haut de l'assiette de présentation, vous trouverez la fourchette à dessert et la cuillère à dessert.

– La serviette de table est déposée, soit sur l'assiette de présentation, soit à gauche des fourchettes.

– Vous utiliserez les ustensiles placés à droite de l'assiette de présentation de l'extérieur vers l'intérieur ; on y trouve la fourchette à crustacés, la cuillère à bouillon (à soupe ou à potage), le couteau à poisson, le couteau à dîner, le couteau à salade.

Figure 11. Le service des dîners protocolaires

- À gauche de l'assiette sont placées la fourchette à poisson, la fourchette à dîner et la fourchette à salade ; vous les utilisez de l'extérieur vers l'intérieur.

- Simplement à regarder la disposition du couvert, vous êtes en mesure de deviner la composition du menu ou, tout au moins, le nombre de services qui composent le repas.

- Dans les repas protocolaires, la tasse et la cuillère à café ne sont pas sur la table pendant le repas. Sur votre serviette ou en haut de l'assiette de présentation, vous trouverez un petit carton avec votre nom.

- À gauche, au-dessus des fourchettes ou en haut des ustensiles à dessert, on aura déposé le menu.

- **Dîner d'affaires :** voici le service que nous retrouvons lors des dîners d'affaires (voir la figure 12).

  - Les verres sont placés à droite de l'assiette principale. L'ordre habituel est le verre à vin, puis le verre à eau qui est un peu plus vers l'intérieur que le verre à vin afin d'éviter des accidents de parcours.

  - Les ustensiles à dessert peuvent être placés en haut de l'assiette principale ou apportés en même temps que le dessert.

  - À gauche, vis-à-vis des verres, vous trouverez l'assiette à pain et le couteau à tartiner, qui peut être déposé verticalement ou horizontalement sur l'assiette.

  - La serviette de table est déposée à gauche des fourchettes ou sur l'assiette.

  - Les couteaux et la cuillère à droite de l'assiette principale sont utilisés de l'extérieur vers l'intérieur : la cuillère à soupe ou à potage, le couteau à salade et le couteau à dîner ou à déjeuner.

FIGURE 12. Le service des dîners d'affaires

- À gauche de l'assiette, vous trouverez, de l'extérieur vers l'intérieur, la fourchette à salade et la fourchette à dîner ou à déjeuner.

- Vous remarquerez que la tasse et la cuillère à café ne sont pas sur la table ; elles seront apportées à la fin du repas.

- **Déjeuner d'affaires au bureau :** voici le service que nous retrouvons lors des repas simples pris sur le lieu de travail (voir la figure 13).

  - Le couvert peut être déposé sur un napperon ou sur une nappe.

  - Le verre à eau est placé à droite de l'assiette principale.

- À gauche, vis-à-vis du verre, on trouve l'assiette à pain et le couteau à tartiner, qui peut être déposé verticalement ou horizontalement sur l'assiette.

- La serviette de table est déposée à gauche des fourchettes.

- Vous utiliserez les couteaux placés à droite de l'assiette principale de l'extérieur vers l'intérieur, soit le couteau à entrée ou à salade et le couteau à déjeuner.

- À gauche de l'assiette, vous trouverez, de l'extérieur vers l'intérieur, la fourchette à entrée ou à salade et la fourchette à déjeuner.

- La tasse, la soucoupe et la cuillère à café peuvent être déposées sur la table pour ce type de service.

- La fourchette ou la cuillère à dessert sera apportée en même temps que le dessert.

Figure 13. Le service du repas d'affaires au bureau

Manger avec distinction

Deux méthodes sont à notre disposition : l'américaine et la continentale. Les deux sont en vigueur bien que de plus en plus de gens adoptent la méthode continentale parce qu'elle est plus simple.

La méthode américaine

La méthode américaine exige un maniement quelque peu compliqué. Il faut, en effet, effectuer un zigzag avec la fourchette : on coupe en tenant le couteau dans sa main droite et la fourchette dans sa main gauche, puis on dépose le couteau sur le bord de l'assiette et on transfère la fourchette dans sa main droite. Il est permis de couper trois morceaux à la fois. On mange en tenant la fourchette les dents vers le haut.

Cette façon de faire est de moins en moins populaire parmi les gens d'affaires, mais inutile de vous excuser si vous utilisez cette méthode : c'est encore la plus usitée en Amérique du Nord ! Ce qui importe, c'est de vous servir de votre couteau et de votre fourchette avec aisance et assurance, tout en sachant où et comment les placer sur votre assiette à la fin du repas (voir la section «Comment déposer fourchette et couteau», à la page 146).

La méthode continentale

La méthode continentale, aussi appelée méthode européenne, est utilisée dans la majorité des pays de la planète, à l'exception des pays asiatiques, arabes et nord-américains. Cette méthode consiste à couper ses aliments, un morceau à la fois, avec le couteau dans sa main droite et la fourchette dans la main gauche. Il ne se fait aucun transfert d'une main à l'autre. On tient les ustensiles dans ses mains durant presque tout le repas et les pointes de la fourchette sont dirigées vers le bas. Le couteau sert à couper les aliments, mais aussi à pousser les aliments sur la fourchette, qui est dirigée vers la bouche, pointes vers le bas.

Mais de quelle main doit-on tenir sa fourchette pour manger son dessert ou sa salade ? Voici la règle : on utilise la fourchette de la main gauche et le couteau de la main droite pour couper les viandes et les autres aliments ; si on n'a pas à utiliser le couteau (par exemple, lorsqu'on mange du poisson, certains légumes tendres, des œufs, etc.), on peut tenir sa fourchette de la main droite, dents vers le haut.

La méthode continentale est plus gracieuse et plus facile que la méthode américaine, étant donné que l'on prend les ustensiles dans l'ordre où ils sont placés sur la table et qu'il n'y a aucun transfert à effectuer.

Comment déposer fourchette et couteau

- **Position «repos»** : comme on a utilisé la fourchette pointes vers le bas (méthode continentale), on dépose la fourchette de la même façon dans l'assiette lorsqu'on prend un temps de repos au cours d'un repas (voir la figure 14). Les gens qui utilisent la méthode américaine, placeront la fourchette pointes vers le haut. Dans la position «repos», il ne faut jamais placer les ustensiles en équilibre sur l'assiette et la table ; les ustensiles doivent reposer entièrement dans l'assiette.

- **Position «plat terminé»** : lorsque le repas est terminé, on place le couteau (courbe de la lame vers l'intérieur de l'assiette) et la fourchette (pointes vers le bas) à la position 15 h 50 dans son assiette (voir la figure 15). Le serveur comprend ainsi qu'on a terminé le plat et qu'il peut desservir. Lorsqu'on opte pour la méthode américaine, on place la fourchette les dents vers le haut.

Figure 14. La position «repos»

Figure 15. La position «plat terminé»

- **Lors d'un buffet:** lorsqu'on se sert des mêmes couteau et fourchette tout au long du repas, comme dans les formules «buffet», on les dépose sur la table en plaçant le couteau entre les dents de la fourchette.

- **Autre façon de disposer le couvert:** les fourchettes et la cuillère sont placées le côté bombé sur le dessus: cette méthode, également appelée «à la française», permettait autrefois aux nobles de montrer le poinçon de leur argenterie. Dans certains pays d'Europe, vous trouverez encore de nos jours le couvert placé de cette façon. L'autre méthode de déposer les fourchettes pointes vers le haut s'appelle «à l'anglaise».

Soupe ou potage

La cuillère à soupe se tient dans la main droite avec le pouce sur le dessus (voir la figure 16), comme lorsqu'on tient un crayon.

FIGURE 16. La cuillère à soupe

La soupe se mange avec une cuillère de forme allongée et le potage, avec une cuillère plus circulaire et plus profonde. Les mouvements sont effectués vers la gauche et vers l'extérieur. On prend de petites portions à la fois. Évitez de faire du bruit en mangeant. Portez le côté de la cuillère à votre bouche plutôt que le bout.

Vous avez presque terminé votre potage et vous voulez le déguster jusqu'à la dernière goutte? Soulevez simplement votre bol de votre main gauche vers le côté gauche, jamais vers vous (voir la figure 17). Oui, c'est permis de le faire! Certaines personnes vous diront que c'est plus poli de laisser du potage dans son assiette, mais je ne suis pas de cette école. Laissez votre cuillère dans le bol. Encore une fois, d'autres vous diront de la déposer sur l'assiette de service.

Figure 17. Bon jusqu'à la dernière goutte!

Si l'on vous sert un bouillon servi dans une tasse avec deux anses (voir la figure 18), vous pouvez boire la soupe en tenant la tasse par les deux anses. Lorsque vous avez terminé, laissez la cuillère dans la soucoupe.

FIGURE 18. La tasse à soupe

Le poisson

Le poisson vous est servi du côté gauche. Si vous devez vous servir vous-même, prenez la fourchette de service dans votre main gauche et la cuillère dans votre main droite. Déposez-les ensuite dans le plat, les dents de la fourchette vers le haut et la cuillère vers le bas, placée sur la fourchette.

Si vous utilisez la méthode continentale pour manger, tenez votre fourchette dans la main gauche, les dents vers le bas (voir la figure 19). Remarquez que le couteau sert à pousser les aliments sur la fourchette. Servez-vous en même temps

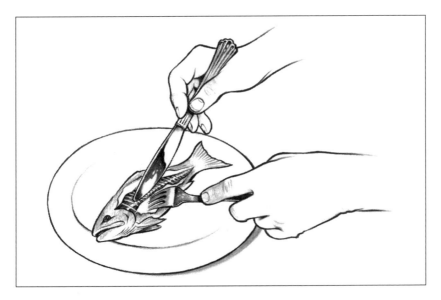

FIGURE 19. Le poisson dégusté à la continentale

du couteau et de la fourchette à poisson. Tenez le couteau à poisson comme si c'était un crayon.

Si le poisson est tendre et sans arêtes, utilisez seulement la fourchette à poisson et laissez votre couteau sur la table.

La viande

Si le serveur vous présente le plat de viande, servez-vous en utilisant les ustensiles de service. Ensuite, déposez la fourchette, dents vers le haut, et la cuillère à l'envers dans le plat de service.

On ne tient pas le couteau à viande de la même façon que le couteau à poisson. La raison est simple : on doit exercer une pression plus forte. Ainsi, le doigt pointe donc plus bas sur le manche.

Tenez la viande avec la fourchette et coupez-la avec le couteau, un seul morceau à la fois. Une fois le morceau coupé, placez votre couteau sous le morceau que vous avez piqué avec votre fourchette. Effectuez une légère pression et dégustez !

Les légumes

Lorsque vous vous servez des légumes, utilisez également la fourchette et la cuillère de service. Prenez de petites portions.

Une petite portion de pommes de terre peut être placée sur le dessus d'un morceau de viande.

Portez la fourchette à votre bouche en tournant légèrement votre poignet et en levant légèrement votre avant-bras.

Le pain et le beurre

On ne coupe jamais le pain, on le rompt au fur et à mesure. Le couteau à tartiner est placé sur l'assiette à pain. Tartinez la bouchée de pain en la tenant au-dessus de l'assiette à pain. La même règle s'applique pour les biscottes et les bâtonnets. Faites circuler l'assiette contenant le beurre de la même façon que la corbeille à pain (vers la droite). Prenez un morceau de beurre à l'aide de la petite fourchette fournie à cet effet et déposez-le sur votre assiette à pain.

Lorsqu'on vous sert des mets en croûte, il est possible qu'il n'y ait pas de pain sur la table. Il ne s'agit pas d'un oubli, mais d'une règle d'étiquette.

Il se peut également qu'il n'y ait pas de couteau à beurre ni d'assiette à pain sur la table. À ce moment-là, déposez le pain sur la table à votre gauche.

La salade

La salade se mange avec la fourchette à salade si elle est coupée en petits morceaux. Si les feuilles sont trop grandes, on les plie ou on les coupe avec le tranchant de la fourchette. On peut utiliser un morceau de pain pour s'aider à plier les feuilles.

Les fromages

Les fromages sont présentés sur un plateau (voir la figure 20). Pour vous servir :

– si le fromage est en pointe comme un brie, coupez une tranche sur le sens de la longueur et non sur le sens de la largeur ;

– s'il s'agit de roquefort, coupez une tranche sur le sens de longueur également ;

– si le fromage est carré, faites une pointe à partir d'un coin ;

– si le fromage est rectangulaire comme un gruyère, coupez une tranche sur le sens de la longueur et non de la largeur ;

– s'il s'agit d'une rondelle, faites une pointe.

Voici la présentation du plateau : au centre, placez les bleus et les chèvres ; ensuite, déposez les pâtes molles, puis les pâtes fermes sur le bord du plateau. Laissez-les à la température ambiante avant de les servir.

Utilisez le couteau à fromage. On peut placer ce couteau au-dessus du couvert à dessert ou l'apporter au moment de servir les fromages. On dépose un morceau de fromage sur une bouchée de pain et on déguste.

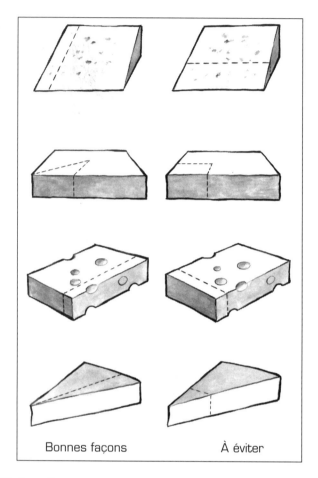

Bonnes façons   À éviter

Figure 20. Les fromages

Le dessert

L'assiette à dessert est apportée dans les grands services avec un bol rince-doigts. La fourchette et la cuillère sont déposées sur l'assiette, de chaque côté du bol. Prenez le bol rince-doigts avec le petit napperon et déposez-le à gauche de votre assiette.

Le dessert se mange avec la fourchette dans la main gauche, dents vers le bas, et la cuillère dans la main droite. Les tartes

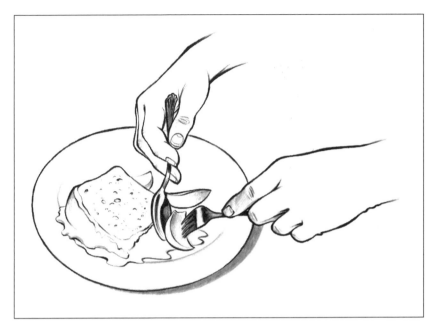

Figure 21. Le dessert

et les gâteaux se mangent avec la fourchette. Pour déguster la crème glacée, les flancs et les mousses, on utilise la cuillère. Si le dessert est servi avec un coulis ou une crème anglaise, la fourchette et la cuillère sont utilisées.

Lorsque l'assiette à dessert aura été enlevée, déposez le rince-doigts et le napperon devant vous. Trempez le bout de vos doigts, une main à la fois. Essuyez-les avec votre serviette de table.

L'espace

Portez une attention spéciale à l'espace que vous occupez à table. Gardez vos bras près de votre corps comme si vous teniez une feuille de papier entre vos bras et votre corps.

La figure 22 illustre une mauvaise façon de se tenir et de couper ses aliments : à éviter à tout prix !

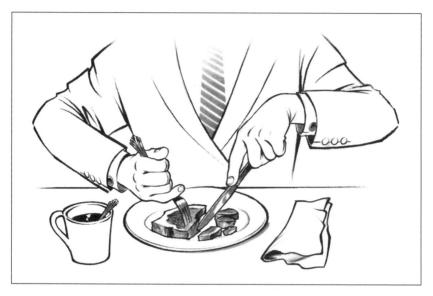

FIGURE 22. L'espace : exemple à éviter

Aliments difficiles et compagnie

- **Artichauts :** ils se mangent à la main. Retirez chaque feuille et trempez l'extrémité la plus tendre dans la sauce. Dégustez-la en la tirant entre vos dents. Déposez les restes sur le côté de l'assiette. Dégagez le cœur à l'aide d'un couteau et d'une fourchette. Coupez-le en morceaux et trempez-le dans la sauce.

- **Asperges :** elles se mangent également à la main. C'est de cette façon que l'on fait en Europe dans l'intimité et lorsque les asperges sont encore fermes et non recouvertes de sauce. Si vous êtes invité, utilisez le couteau et la fourchette pour déguster la partie tendre et laissez la partie fibreuse dans l'assiette.

- **Brochettes :** retenez la brochette par la tige avec la main gauche. À l'aide de la fourchette que vous tenez dans votre main droite, dégagez les morceaux de viande et faites-les glisser sur le riz. Utilisez votre fourchette et votre couteau pour les manger.

- **Caviar**: il se mange à l'aide d'une petite cuillère non métallique. Vous pouvez étendre le caviar sur un canapé en utilisant un couteau. Prenez le canapé avec vos doigts.

- **Céleri, olives, cornichons, radis**: ils se mangent avec les doigts. Avec vos doigts donc, placez-les sur le côté de votre assiette principale ou sur votre assiette à pain. Les grosses olives peuvent être mangées par petites bouchées. S'il y a un noyau, déposez-le dans le creux de votre main, puis sur le côté de votre assiette.

- **Crevettes**: servies en cocktail, elles se mangent avec la fourchette à crustacés; si elles sont grosses, mangez-les en deux bouchées en les coupant à l'aide de la fourchette à crustacés. Les crevettes non décortiquées se mangent avec les doigts.

- **Eau**: essuyez votre bouche avec votre serviette avant de prendre une gorgée d'eau. Ne buvez jamais lorsque vous avez des aliments dans la bouche. Ne rincez jamais votre bouche avec une gorgée d'eau. Tenez votre verre d'eau par le bas; s'il a un pied, tenez-le par le pied.

- **Escargots**: ils se servent de différentes façons. Lorsqu'ils sont présentés sans coquille, ils sont habituellement servis dans de petites escargotières en poterie; ils se mangent alors avec la petite fourchette à crustacés. Lorsqu'ils sont présentés avec la coquille, on les mange en tenant la pince de la main gauche et en retirant l'escargot de sa coquille à l'aide d'une petite fourchette que l'on tient de la main droite. Vous pouvez tremper vos petits morceaux de pain dans la sauce et les manger avec la petite fourchette.

- **Fondues**: piquez l'aliment sur une longue fourchette à fondue, que vous plongez dans le caquelon. Lorsqu'il est cuit, retirez l'aliment de la longue fourchette et mangez-le à l'aide d'une fourchette traditionnelle afin d'éviter de vous brûler.

- **Fraises :** si elles sont équeutées, utilisez le couvert à dessert. Sinon, mangez-les avec les doigts.

- **Frites :** elles se mangent avec les doigts. Si on sert des frites lors d'un repas formel, ce qui serait étonnant, elles seront mangées à l'aide de la fourchette.

- **Gâteaux :** s'ils sont servis en petites portions et non crémeux, servez-vous de vos doigts. Autrement, servez-vous de la fourchette à dessert. S'ils sont servis avec de la crème glacée, utilisez la cuillère et la fourchette.

- **Homard :** le homard se mange difficilement. Lors des réceptions formelles, on le sert sous forme de préparations : Thermidor ou Newburg ; il est alors dégusté avec la fourchette et le couteau à poisson. Dans certains restaurants, on le prépare à l'avance pour vous faciliter la tâche et on craque les pinces. Extirpez la chair à l'aide de la fourchette à crustacés, puis trempez-la dans le beurre fondu et dégustez. Retirez la chair de la queue, puis coupez-la en petites bouchées avec le couteau et la fourchette à poisson. Détachez les petites pinces et sucez-les sans faire de bruit. Un rince-doigts contenant de l'eau citronnée s'impose après le repas.

- **Maïs :** on ne sert pas le maïs en épi dans les repas élaborés. Beurrez l'épi à l'aide du couteau, plusieurs rangées à la fois, et tenez-le fermement avec vos deux mains.

- **Œufs :** les œufs durs se mangent à la fourchette. Les œufs mollets servis dans leur coquille se mangent avec une cuillère ; pour ce faire, enlevez le dessus de la coquille avec un couteau (méthode américaine) ou avec une cuillère (méthode continentale). Vous pouvez manger l'œuf directement dans la coquille ou encore dans un petit plat à l'aide de la cuillère.

- **Palourdes, huîtres fraîches, moules :** si elles sont crues, tenez la coquille d'une main et soulevez le mollusque avec une fourchette à crustacés. Vous pouvez le tremper dans la sauce et le manger d'une seule bouchée. Les palourdes frites se mangent avec la fourchette de même que les moules en sauce.

- **Pâté de foie et pâté de foie gras:** étendez le pâté de foie sur un croûton à l'aide d'un couteau et portez le canapé à la bouche avec vos doigts. Le foie gras — qui n'a rien à voir avec le pâté de foie ordinaire — sera coupé avec le côté de votre fourchette et déposé sur une bouchée de pain ou sur un toast.

- **Pommes de terre:** si elles sont servies en robe des champs, vous pouvez les fendre avec les doigts. Déposez le beurre à l'aide de la fourchette et non du couteau. Faites pénétrer le beurre à l'aide de la fourchette également. Vous pouvez manger la pelure en utilisant le couteau et la fourchette. Bouillies, les pommes de terre doivent être séparées à la fourchette, non au couteau. Elles sont mangées une bouchée à la fois.

- **Relishs, gelées, conserves, sauce aux canneberges, raifort:** prenez-les dans le plat de service à l'aide de la cuillère qui s'y trouve et déposez-les dans votre assiette.

- **Sel:** dans les repas somptueux, il peut arriver que le sel ne soit pas dans une salière, mais dans un saleron, accompagné d'une petite cuillère. Si ce dernier ne contient pas de cuillère, utilisez la pointe de votre couteau (s'il est propre) ou prenez une pincée de sel entre le pouce et l'index. Ne trempez jamais la nourriture dans le saleron. Il peut arriver qu'il n'y ait pas du tout de sel sur la table. Si c'est le cas, il ne faut pas en demander.

- **Spaghettis et autres pâtes:** tenez votre fourchette de la main droite. Prenez quelques spaghettis à la fois en commençant par le bord de l'assiette et tournez la fourchette. N'utilisez pas la cuillère pour tourner les pâtes et ne les coupez pas. On utilise uniquement la fourchette.

Les sushis

La culture japonaise est très différente de la nôtre. Voici quelques règles d'étiquette que vous pourrez mettre en pratique lors de votre prochaine dégustation de sushis :

- Le meilleur sushi pour les débutants est le maki-sushi, qui est fait de poisson cru ou cuit, de fines juliennes de légumes, entouré de riz et d'une fine feuille d'algue appelée nori. Vous trouverez également des sushis dont l'intérieur est fait de poisson et de légumes entourés d'algue, la couche extérieure étant du riz. Est aussi offert le nigiri-sushi, qui consiste en un morceau de poisson cru déposé sur un bloc de riz, quelquefois placé sur une feuille de nori. Dans l'assiette, vous trouverez des tranches de gari (gingembre mariné pour rafraîchir le palais entre chaque morceau) ainsi que du wasabi (pâte verte très épicée extraite des racines d'une plante utilisée dans la cuisine japonaise) ;

- La façon populaire de manger le sushi consiste à mélanger une petite quantité de wabasi avec un peu de sauce soya (shoyu) dans le petit bol devant soi. La sauce soya sert à rehausser la saveur du poisson, non pas celle du riz. Si vous y trempez le riz, il se détachera et vous en perdrez la moitié. Trempez légèrement le centre du maki-sushi et le poisson du nigiri-sushi dans la sauce soya. Si les bouchées sont petites (comme au Japon), vous vous servirez des baguettes. En Amérique, on fait les sushis plus gros, vous pouvez donc utiliser vos doigts ;

- Vous mangerez du gari entre chaque bouchée et accompagnerez votre repas de vin blanc sec, de saké, de bière japonaise ou simplement de thé vert ;

- Il est recommandé de manger le sushi en une seule bouchée. Si vous trouvez qu'il est trop gros, faites-en deux bouchées ;

- Ne vous servez pas dans l'assiette de service avec vos doigts. Utilisez la partie la plus large des baguettes et gardez la partie la plus mince pour manger ;

- Si vous préférez recevoir à la maison, vous pouvez commander des sushis dans les endroits spécialisés. Si vous les servez en entrée, calculez cinq ou six sushis par personne. Pour un repas principal, calculez de huit à douze sushis, selon leur grosseur ;

- Offrez à vos invités des serviettes humides et tièdes pour leur permettre de s'essuyer les mains ;

- Ne déposez jamais vos baguettes à plat sur la table. Déposez-les sur des appuis ou une serviette pliée ;

- Ne vous servez jamais à boire. Attendez le serveur. Lorsqu'on vous offre du saké, levez votre verre pour qu'on le remplisse.

Les fruits

Mieux vaut ne pas servir de fruits lors d'un repas solennel pour ne pas embarrasser les invités. La plupart des fruits se mangent avec les doigts (abricots, cerises, prunes) ; toutefois, les pommes, les poires, les pêches, les ananas et les mangues se mangent avec une cuillère ou une fourchette et un couteau, au besoin.

- **Abricot, cerise, prune :** crus, ils se mangent avec les doigts. Le noyau est déposé dans le creux de la main, puis sur le côté de l'assiette. Une règle d'étiquette dit : «Ce qui entre dans la bouche à l'aide des doigts, est retiré à l'aide des doigts.»

- **Ananas :** si la tranche est présentée non pelée, coupez-la en quartiers, puis enlevez le cœur et l'écorce à l'aide du couteau et de la fourchette. Mangez les morceaux avec la fourchette. Si l'ananas est servi coupé et dans son jus, utilisez la cuillère.

- **Avocat :** on le mange à la cuillère lorsqu'il est servi dans sa coquille. Quand il est servi en morceaux, on utilise la fourchette.

- **Baies :** les baies se dégustent à la cuillère. Cependant, les grosses fraises servies avec leur queue se mangent avec les doigts : prenez la fraise par la queue, trempez-la dans le sucre (si vous le désirez) et mangez-la en une ou deux bouchées, selon la grosseur.

- **Banane :** à table, on retire complètement la pelure et on mange le fruit avec le couteau et la fourchette. En collation, hors table, on retire la pelure au fur et à mesure ; ne mangez pas à même la banane : coupez-la plutôt morceau par morceau et mangez-la avec vos doigts.

- **Citron :** si le citron est servi comme garniture en quartiers, pressez-le avec les doigts pour en extraire le jus. Vous pouvez le piquer avec votre fourchette en le tenant dans votre main et en extraire le jus. S'il est présenté en tranches, tenez une tranche avec votre fourchette et pressez le citron avec le couteau pour en extraire le jus. La plupart du temps dans les repas élaborés, le citron est habillé, c'est-à-dire recouvert d'une étamine (« coton à fromage ») afin d'éviter les éclaboussures ; pressez-le simplement entre vos doigts pour en extraire le jus.

- **Fruits cuits :** on les consomme à l'aide d'une cuillère. Les noyaux et les pépins sont déposés dans la cuillère, puis laissés sur le côté de l'assiette.

- **Kiwi :** on le coupe en deux et on le mange avec la cuillère directement dans son enveloppe. Habituellement, toutefois, on le sert pelé et tranché.

- **Mangue :** elle est présentée coupée en deux. Enlevez le noyau et coupez le fruit en quartiers. Tenez le fruit à l'aide de la fourchette et coupez-en de petits morceaux que vous mangerez à l'aide de la fourchette. Lors d'un souper de gala, la mangue est servie coupée et on la mange à l'aide de la cuillère et de la fourchette.

- **Melon :** on le mange avec la fourchette. S'il est en morceaux, utilisez votre cuillère. Les pépins (des melons d'eau, par exemple) sont déposés dans le creux de la main et laissés sur le côté de l'assiette.

- **Orange :** elle est pelée avec un couteau bien aiguisé et se mange quartier par quartier. Si elle est tranchée à l'avance, utilisez votre fourchette.

- **Pamplemousse :** coupez-le en deux. Découpez ensuite chaque section à l'aide d'un couteau bien aiguisé. Utilisez la cuillère spécialement conçue pour ce fruit. Ne pressez pas le pamplemousse pour en extraire le jus, à moins que vous ne soyez seul.

- **Papaye :** enlevez la pelure et les pépins noirs. Coupez le fruit en quatre, puis mangez les quartiers avec les doigts ou la fourchette.

- **Pêche :** elle est coupée en deux, dénoyautée, puis coupée en quartiers. Détachez la peau de chaque quartier et mangez la chair à l'aide d'une fourchette.

- **Raisins :** ils sont coupés en petites portions à l'aide du couteau ou d'un ciseau spécifique. Vous les mangez un à la fois avec les doigts. Les pépins sont placés dans le creux de la main, puis laissés sur le côté de l'assiette.

Questions et réponses

Puis-je enlever mon veston à table?

Il est suggéré de ne pas enlever votre veston à table, à moins que l'hôte n'enlève le sien.

Que dois-je faire si je suis invité au restaurant et que l'addition est déposée devant moi?

L'hôte doit prendre l'addition. S'il ne le fait pas, l'invité doit suggérer de séparer le montant de la facture en deux. Eh oui, ça arrive!

Que devez-vous faire si l'addition est placée en face de votre invité au restaurant?

Vous devez prendre l'addition et dire: «Vous êtes mon invité aujourd'hui.»

Dois-je déposer mon porte-documents ou mes dossiers sur la table?

Ne déposez pas votre porte-documents sur la table. Sortez les dossiers seulement lorsque l'assiette du repas principal a été enlevée. Ne couvrez pas la table de papier. N'écrivez pas sur le napperon ou la serviette en papier.

Qui commande en premier lieu au restaurant?

L'hôte demande au serveur de prendre la commande de son invité en premier lieu.

Quand doit-on commencer à parler d'affaires?

Les points importants seront discutés après que l'assiette du repas principal aura été enlevée. Les cultures étrangères nous reprochent de passer trop vite au vif du sujet. Apprenez à courtiser la clientèle en trouvant des sujets de conversations plaisants.

Où dois-je déposer mes bras durant le repas?

Ne mettez jamais les coudes sur la table, les avant-bras à l'occasion, les poignets toujours.

Où dois-je déposer mon téléphone cellulaire pour pouvoir y répondre rapidement?

Laissez-le hors fonction dans votre porte-documents. Si vous attendez un téléphone important, informez votre hôte ou votre invité immédiatement au début du repas. Lorsque le téléphone sonnera, excusez-vous, éloignez-vous de la table et parlez brièvement. N'oubliez pas! Ne vous en servez que si c'est urgent et ne tenez aucune conversation téléphonique à table.

Chapitre 8

Les cadeaux d'entreprise

« La culture n'est pas un luxe, c'est une nécessité. »
Gao Xingjian, écrivain français,
Prix Nobel de littérature en 2000

L'art de miser sur des cadeaux appropriés

Les bonnes manières, ce n'est plus un secret pour personne, représentent une base importante en affaires. Au cours des trente dernières années, les règles de la bienséance qu'on nous enseignait dans les couvents et les collèges ont été reléguées aux oubliettes. Heureusement, on revient de plus en plus aux valeurs sûres et l'étiquette fait partie de celles-ci. Après tout, les bonnes manières servent à agrémenter les petits moments de la vie, n'est-ce pas?

Le simple fait d'offrir des cadeaux aux clients, aux collègues et aux amis représente encore de nos jours la meilleure façon d'assouplir les mécanismes de la société. Bien que certains s'y opposent (les opinions à ce sujet sont partagées, en effet), un cadeau bien choisi solidifie une nouvelle relation d'affaires, en ravive une ancienne et crée des liens précieux. Les petites attentions les moins coûteuses sont souvent les plus appréciées. Mais encore faut-il avoir une bonne raison pour offrir un cadeau et savoir choisir le moment propice.

Les raisons

Les raisons ou les occasions les plus fréquemment invoquées pour offrir un cadeau sont les suivantes : remercier, encourager, s'excuser, souhaiter bonne chance et féliciter.

Remercier

Vous pouvez remercier ainsi :

- une personne qui vous a rendu service ou fait une faveur spéciale, à titre personnel ou professionnel ;
- votre hôte, lorsque vous voyagez à l'étranger ;
- une personne qui vous invite ;
- un professeur.

Encourager

Vous pouvez encourager par un cadeau une personne qui :

- débute dans un nouvel emploi ou une nouvelle carrière ;
- est malade ;
- vit un deuil ;
- a de sérieuses difficultés.

S'excuser

On peut offrir un cadeau pour s'excuser d'avoir :

- causé des ennuis ;
- offusqué quelqu'un ;
- oublié une date ou un événement important.

Souhaiter bonne chance

On peut souhaiter bonne chance lors :

- d'un anniversaire ;
- d'un déménagement dans une autre ville ;
- du démarrage d'une entreprise ;
- de l'agrandissement d'une entreprise ;
- de la retraite.

Féliciter

Par un cadeau, on peut féliciter lors :

- de l'obtention d'une médaille ou d'un prix ;
- d'un mariage ou de fiançailles ;
- d'une naissance ;
- d'un acte de bravoure ;
- d'un succès en affaires ou personnel ;
- d'une remise de diplôme.

Choisir l'objet rare

Il est parfois très difficile de choisir un cadeau, surtout lorsqu'on connaît très peu le destinataire. Efforcez-vous néanmoins d'être original dans le choix de vos cadeaux et ne vous contentez pas d'offrir une bouteille de vin identique à chacun de vos clients.

Les critères

Si vous avez l'intention d'offrir un présent de valeur à un administrateur ou à un client particulier, faites des recherches sur ses sports préférés, ses principaux intérêts, ses passe-temps, ses goûts et ses besoins. La secrétaire du destinataire peut vous fournir ces informations et devenir votre complice.

Si vous connaissez plus intimement le destinataire, consultez son conjoint. S'il vous est impossible d'obtenir ces précieuses informations, prenez en considération son âge, son rang social et son mode de vie.

Sachez aussi qu'il existe des services d'acheteurs professionnels qui se chargent de faire les recherches pour vous et de dénicher le cadeau idéal qui convient à votre budget.

Le montant

Plusieurs personnes se posent des questions quant au montant à investir dans l'achat d'un cadeau.

Voici des idées de cadeaux à offrir :

– à des présidents d'entreprises, à des présidents de conseils d'administration et à des cadres supérieurs (la valeur : plus de 300 $) : une caisse de vin, un accessoire électronique, une plume, des billets pour des événements sportifs, un abonnement à une saison de théâtre, une peinture, une sculpture, des livres ;

– à des cadres intermédiaires ou débutants et à des collègues (la valeur : entre 75 $ et 150 $) : un chèque-cadeau, un article décoratif de bureau, un panier de fromages fins ou un panier gourmet, un abonnement à un musée, des livres, un accessoire électronique ;

– au personnel de bureau (la valeur : entre 30 $ et 75 $) : un chèque-cadeau, des livres, des disques, une plume, des billets de théâtre, un panier gourmet, un accessoire de bureau, un accessoire électronique, un encadrement.

La façon de présenter et de recevoir un cadeau

La présentation

La façon de présenter le cadeau est capitale. Misez sur l'emballage. Si vos talents artistiques laissent à désirer, confiez cette tâche aux experts : la plupart des boutiques spécialisées offrent ce service. Dans la mesure du possible, efforcez-vous d'offrir le cadeau en personne ; cela ajoute de la valeur à votre investissement initial.

S'il s'agit d'un cadeau d'affaires, ajoutez une note personnelle que vous pouvez écrire au verso de votre carte professionnelle. Par exemple, si vous offrez un livre sur le vin, écrivez : « Bonne lecture et joyeuse dégustation ! » Si vous offrez un cadeau à un couple, allez le porter vous-même ou faites-le livrer à la résidence familiale. Adressez-le à la famille et insérez votre note dans une enveloppe ; dans cette circonstance, n'utilisez pas votre carte professionnelle, mais écrivez plutôt une note dans une carte.

Si vous choisissez d'envoyer des fleurs à la résidence du destinataire, optez pour des fleurs coupées ou des arrangements floraux (voir aussi la rubrique « Les fleurs », à la page 176). Si vous les envoyez au bureau, choisissez des fleurs en pot ou des plantes vertes. Jusqu'à récemment, la tradition permettait qu'une femme envoie des fleurs à une autre femme, mais jamais à un homme. Cette tradition est chose du passé et, grâce aux nouvelles règles de l'étiquette, une femme peut maintenant, si elle le souhaite, offrir des fleurs à un homme.

Lorsque vous apportez des fleurs à une personne hospitalisée, choisissez des fleurs ou des plantes en pot qui nécessitent le minimum de soins.

Si vous faites affaire avec d'autres cultures, informez-vous des us et coutumes sur ce plan. En effet, dans quelques pays, on offrira un cadeau à l'arrivée, alors que dans d'autres, ce sera avant la signature d'un contrat ou seulement après cette signature. Enfin, dans certains pays, on n'en offre pas du tout.

La réception

Les gens se demandent si le cadeau doit être déballé devant la personne qui l'offre. La réponse est oui. Toutefois, dans certains pays, les gens ouvrent leurs cadeaux en privé. Il faut donc connaître les différences culturelles, qui varient énormément d'un pays à l'autre.

Noël

L'utilisation du logo de l'entreprise sur les cadeaux

La plupart des entreprises préfèrent envoyer, en guise de cadeau, des objets portant le logo de l'entreprise. N'oubliez pas qu'il s'agit là d'une publicité plutôt que d'un cadeau. Les articles promotionnels portant le logo de l'entreprise peuvent être donnés en d'autres occasions que durant le temps des fêtes. Donnez-les simplement en guise d'appréciation.

Les cartes de Noël

La première carte de Noël a été envoyée en 1843 par Henry Cole, un homme d'affaires londonien; elle représentait une famille bourgeoise en plein festin. Son idée, symbole de prospérité, a vite été reprise par ceux qui, jusque-là, offraient leurs vœux par lettre.

À ma grande surprise, ce sujet pose un problème aux dirigeants d'entreprises. Si votre compagnie opte pour l'envoi de cartes de Noël, elle devra éviter les cartes à caractère religieux ou raciste. Le détail le plus important est de personnaliser chacune des cartes, qu'elles soient envoyées à titre personnel ou professionnel.

Si vous envoyez des cartes à la résidence du destinataire plutôt qu'à son bureau, assurez-vous d'obtenir le nom du conjoint ou de la conjointe et d'écrire les deux noms sur l'enveloppe que vous aurez adressée à la main avec une plume à encre noire. S'il s'agit d'une relation strictement professionnelle, vous pouvez utiliser des étiquettes en format script. Lorsque vous envoyez des cartes de Noël en pays étranger, informez-vous des coutumes; par exemple, les Chinois ne fêtent pas le jour de l'An le 1er janvier. Certains pays soulignent la fête de Noël, alors que d'autres célèbrent plutôt le jour de l'An.

Les cadeaux aux patrons

Un employé ne doit pas offrir de cadeau au patron, à moins que les deux ne soient des amis de longue date. Si cadeau il y a, il sera simple : fleurs, sucre à la crème, bouteille de vin, livre, etc. Si vous êtes invité à une réception chez votre patron ou le patron de votre conjoint, envoyez des fleurs le jour précédant ou suivant la réception, ou apportez une bonne bouteille de vin ou de champagne, des noix ou des produits fins.

Les cadeaux aux employés

Lorsque vous donnez une prime ou une gratification à un employé, cela n'est pas considéré comme un cadeau. Il s'agit plutôt d'une récompense pour un travail ou des services rendus. La décision de donner ou non un cadeau aux employés est importante, mais individuelle. Elle varie d'une entreprise à l'autre. La réception de Noël n'est pas non plus considérée comme un cadeau aux employés.

La perception du destinataire

Lors de vos choix de cadeaux, pensez à la perception de la personne qui le recevra. Le choix d'un cadeau peut nuire à celui qui l'offre, surtout s'il :

- est trop coûteux (le destinataire sera embarrassé) ;
- semble trop personnel (le destinataire tentera de décoder le message) ;
- peut être interprété comme une tentative de corruption (le destinataire sera offusqué).

Même si cela ne se produit que rarement, il est possible qu'un destinataire refuse un cadeau. Si, un jour, l'un de vos clients vous retourne votre offre avec la mention «Je ne peux accepter ce cadeau, je vous le retourne ci-joint», posez-vous des questions sur sa perception… Votre cadeau lui semblait-il trop cher? trop personnel? Était-il évident que vous tentiez d'acheter ses faveurs?

Les fleurs

Les occasions

Dans quelles occasions offrons-nous des fleurs? Nous envoyons des fleurs pour remercier nos hôtes avant ou après un dîner, une soirée ou une faveur. Lors d'une rencontre amicale, nous apportons les fleurs nous-mêmes; autrement, il est suggéré de les faire livrer. Elles seront accompagnées d'une carte. On peut aussi apporter des fleurs ou les envoyer pour s'excuser d'une maladresse ou pour déclarer son amour.

Si nous faisons livrer des fleurs à une personne hospitalisée, il faut choisir des plantes au parfum subtil. Si nous désirons faire livrer des fleurs lors d'un décès, il faut vérifier si elles sont acceptées ou si des dons sont préférables. Il faut vérifier également si les fleurs sont acceptées par différentes cultures à cause de leur signification.

Lorsque nous faisons livrer des fleurs, elles doivent toujours être accompagnées d'un petit mot dicté par le donateur et écrit à la main par le fleuriste ou le donateur dans la mesure du possible.

Les fleurs coupées s'offrent toujours par nombre impair. Les fleurs très pâles s'offrent aux jeunes filles. Nous pouvons également offrir des fleurs de notre jardin.

Le langage des fleurs

Voici des renseignements concernant la signification des fleurs selon leurs couleurs.

- **Fleurs blanches:** le blanc est le symbole de la fraîcheur et de la pureté. Ces fleurs sont donc suggérées pour un nouveau client, une nouvelle relation d'affaires ou un client potentiel.

- **Fleurs rouges:** le rouge symbolise l'ambition, la passion et la puissance. Les fleurs rouges sont donc suggérées pour souligner une promotion, une nouvelle entente ou l'ouverture d'un commerce. La rose rouge symbolise un amour ardent.

- **Fleurs bleues:** le bleu est synonyme de sagesse et de calme. Des fleurs de cette couleur sont donc suggérées pour souligner une retraite, un départ ou un deuil.

- **Fleurs jaunes:** le jaune symbolise la richesse, la gloire, la réussite et la communication. Les fleurs jaunes sont suggérées pour souligner des événements heureux, un nouvel emploi ou une réussite extraordinaire.

Le feuillage vert ajouté aux fleurs accentue le message de succès, d'espérance, de compréhension et de jeunesse.

Conseils généraux

Offrir un cadeau, c'est une façon de dire à une personne qu'on l'apprécie.

Si vous offrez des cadeaux à des gens habitant des pays étrangers, informez-vous des coutumes auprès du consulat du pays situé dans votre ville.

Les étrangers apprécient les cadeaux provenant du pays du donateur: produits de l'érable, sculpture inuit, etc.

Chapitre 9

L'étiquette au golf

« Au golf, les règles de l'étiquette et de la bienséance sont aussi importantes que les règles du jeu. »
Bobby Jones, champion golfeur international 1902-1971

Un témoignage sur vous

Les parties de golf d'affaires peuvent être une source de stress pour beaucoup de personnes. Lorsque vous invitez vos clients ou des clients potentiels à une partie de golf, cela peut ouvrir des horizons nouveaux, à condition que les choses soient bien faites. On dit que lors d'une partie de golf, on détecte le vrai caractère d'un individu.

Ainsi, si vous ne savez pas gérer vos émotions, n'invitez pas vos clients, actuels comme potentiels, sur un terrain de golf. Vous pourrez donner l'impression que vous ne saurez pas garder votre calme lors de situations professionnelles tendues.

De même, si vous trichez au golf (bon nombre de golfeurs l'admettent), vous donnerez l'impression que vous trichez dans la vie de tous les jours. Qui veut faire affaire avec un tricheur ? Soyez donc honnête dans votre pointage. Et puis, si vous n'êtes pas certain d'un règlement, demandez-le à un golfeur plus expérimenté.

Les points suivants vous aideront à augmenter vos chances de réussite sur un terrain de golf.

À faire

1. Si vous êtes invité, arrivez à temps. Si vous êtes l'hôte, arrivez avant l'heure prévue.

2. Lorsque vous invitez quelqu'un, louez la voiturette et payez les frais.

3. Si votre invité doit louer des accessoires, payez pour lui.

4. Conduisez vous-même la voiturette.

5. Occupez-vous du drapeau.

6. Gardez vos conseils pour vous.

7. Offrez des rafraîchissements à votre invité.

8. Après la partie, il est bon de se réunir pour parler de la journée et solidifier les liens.

9. S'il s'agit d'un tournoi, participez au cocktail, au souper et à la remise des prix; ne laissez pas vos invités seuls.

10. Payez tous les frais pour vos invités.

11. Si le 19e trou est plutôt bien arrosé, ne laissez pas vos invités conduire leur voiture. Payez le taxi ou restez sobre et offrez-leur de les raccompagner.

12. Si vous êtes un invité, envoyez un mot de remerciement le lendemain de l'événement.

13. Soyez à l'écoute de vos invités. Permettez-leur de se raconter.

14. Parlez de vous à votre tour.

15. Le but ultime : mieux se connaître pour faire de meilleures affaires.

À ne pas faire

1. Ne parlez pas que de vous-même.

2. Ne parlez pas que de chiffres.

3. N'adressez pas la parole à quelqu'un qui s'apprête à frapper la balle.

4. Ne ratissez pas les trappes de sable.

5. Ne quittez le vert que lorsque tout le monde a fini de jouer.

6. Ne vous placez pas dans la trajectoire d'un coup roulé de quelqu'un d'autre.

7. N'utilisez pas votre téléphone cellulaire sur le parcours

8. Ne restez pas dans la voiturette pendant que quelqu'un de votre équipe frappe une balle de départ avant vous.

Misez sur le plaisir plutôt que sur la compétition et amusez-vous!

Bibliographie

Le drapeau canadien, Secrétariat d'État du Canada, cérémonial d'État.

Le savoir-vivre aujourd'hui, Paris, Sélection du Reader's Digest, 1994.

Préséance, répertoire des dignitaires canadiens, Ministère du Patrimoine canadien.

du Coffre, Marguerite. *L'art de la table*, Montréal, Éditions de l'Homme, 1975.

Dussault, Louis. *Le protocole, instrument de communication*, Louis Dussault, Protos, 1995.

Post, Elizabeth L. *Emily Post's Etiquette, A Guide to Modern Manners*, New York, Harper and Row, 1984.

Vanderbilt, Amy. *New Complete Book of Etiquette*, New York, Doubleday and Company, 1972.

Table des matières

Notes biographiques

Pendant plus de vingt ans, Ginette Salvas a évolué dans le monde des affaires. En 1982, elle effectue un changement de carrière majeur: elle devient conseillère en image professionnelle. En 1991, elle obtient un diplôme de la prestigieuse Washington School of Protocol comme conseillère en étiquette des affaires et en protocole international. Forte de son expérience, elle fonde l'École internationale d'étiquette et de protocole dont la mission consiste à offrir aux cadres, aux professionnels et aux gens d'affaires une formation de qualité qui, jusqu'à il y a quelques années, était offerte exclusivement aux dignitaires de ce monde.

Maintenant reconnue comme une experte en étiquette des affaires, Ginette Salvas est aussi, depuis le succès de son premier livre *C'est moi! ma personnalité... mon style*, une conférencière recherchée.

Pour joindre l'auteure: www.ginettesalvas.com
etiquette@ginettesalvas.com